ソーシャル・ウーマン

社会に貢献できるひとになる

坂東眞理子

BOOKEND

ソーシャル・ウーマン

社会に貢献できるひとになる

目次

はじめに

Part I

ソーシャル・ウーマンの時代

Part II

人材を人財に

三章　ニッポン企業の品格

Part III

新・幸福論

はじめに

「ソーシャル・ウーマン」という言葉を初めて聞いた人も多いのではないでしょうか。社会と関わり、社会に居場所をもち、社会に貢献できる女性という意味を込めて、新たにつくった言葉です。

社会的弱者に寄り添う「ソーシャル・ワーカー」、社会の困難をデザインの創造性で克服する「ソーシャル・デザイン」、社会貢献を企業目的にした「ソーシャル・アントレプレナー」のように、「ソーシャル」には、自己利益を超えて社会全体に関わっていく姿勢が反映されています。

これからの女性は、自分と家族の幸せを守るだけの、孤立した生き方を追い求めることはできません。家庭や家族を大事にしながらきちんと自分の仕事をこなし、また、視野を広くもって、よりよい社会づくりに参加していくような生き方が、求められると思います。

それは、男性にとっても、また企業や日本社会にとっても、必要とされる視点です。女性だけでなく、高齢者、外国人、障害をもつ人など、多様な人々の可能性を開拓し、だれもが社会貢献に参加できるような、企業づくり、社会づくりを進めていくべきです。

本書では、そういったこれからの生き方やあり方を、日本社会のさまざまな課題のなかで、考えてみたいと思います。

凡例

● 本文中の＊印を付した語句は、巻末の用語解説に立項されています。

● 註は各章末に掲載しました。

Part I
ソーシャル・ウーマンの時代

一章　キャリアも子育ても

二章　ニッポンの社会力

一章　キャリアも子育ても

育児休業三年の波紋

二〇一三年四月に、安倍総理が女性労働に関して三年間の育児休業*取得促進、少なくとも取締役の一人は女性にと発言し、二〇二〇年までにあらゆる分野での指導的地位に占める女性の割合を三〇％という政府目標も改めて確認された。

日本の女性の社会経済的地位は、世界経済フォーラム*のランキングでも一三六か国中の一〇五位（二〇一二年）と極めて低く、その一番の要因が男女の経済格差、女性議員、女性管理職比率の低さにある。

その原因として、長い間女性の労働力のM字型カーブ*、すなわち学卒後二〇代の労働力率*は高いが、結婚・出産・育児の三〇代は労働力率が落ち、育児が一段落する四〇代になって再び労働力が高まることが指摘されてきた。年功序列的な処遇が基本となっている日本では、いったん退職すると再び正社員には戻れない。再就職はパート・派遣・契約のような非正社員が圧倒的に多く、賃金も継続して働いている社員の半分以下となり、将来管理職につく可能性もほとんどない。

自分のキャリアに不利とわかりながら、多くの女性が出産で退職するのは、育児との両立が困難だからである。

たとえば、待機児童と呼ばれる保育所の入所待ちの児童は二万五千人といわれるが、希望しても入れないとあきらめている数も含めれば、三〇万人にのぼるという説もある。病気になった時にあずかってくれる病児保育サービスも足りず、女性が仕事と子育てを両立するのはまだまだ困難である。

一九九一年に成立した育児休業法は、少子化対策が重視されるなかで何次にもわたって強化され、今では生まれた子が保育所に入れない場合一八か月は育児休業が取れ、六歳までは短時間勤務が取得できるようになっている。しかしそれでも第一子を産んだ女性の六割近くは退職している。

こうした現状から安倍総理の「三年育休、抱っこし放題」発言【註1】は、一見画期的な女性政策のように見える。しかし現実には多くの条件整備をしないとかえって女性の進出を妨げ、少子化を進めることにもなりかねない。

第一に、働き続けたい女性対策も必要であること。出産しても離婚あるいはいろいろな事情で女性が働き続けなければならない場合も少なくない。また自分のキャリアの事情から、早期復帰を望む女性も多い。三年間の育児休業は強制ではなく、選択にすべきである。そのためには保育所の定員を増やし続け、「保育所に入れないから育児休業」という状況を打開しなければならない。

第二に、三年間の育児休業を取ると、職業能力の維持が難しくなることである。今でも先進的な企業では、三年間の育児休業を取ることが可能であるが、多くの女性は一年から一年半で職場復帰している。それはあまり長期に職場を離れていると仕事の勘が鈍り、スキルや知識が陳腐化してしまうからである。休業中も研修などのプログラムを提供するとか、復帰に当たってインターンのようなキャリアアップの期間を設けるといったサポートが不可欠である。

第三は、育児休業制度によって、企業がますます女性を正社員として採用しなくなる恐れがあること。それでなくとも女性は、採用時に男性よりも明らかに優秀でなければ正社員に採用されない傾向があるうえ、育児休業を取り入れることで人材の空白が生じるなら、企業はその解消法として、女性を非正社員で補おうとするだろう。それを防ぎ、かつ希望者は契約・派遣の女性も含めて育児休業を取れるようにしなければならない。

育児休業を三年に延ばせばすべての女性が喜ぶという単純なことではない。

妊活

「妊活」という言葉をご存じだろうか。妊娠するための活動、略して妊活である。妊娠・出産というのは長い間、人知の及ばざる領域とされてきた。いつ妊娠するか、何人産むか、どのような資質の子が生まれるか、すべては神様仏様のはからいであり、賢《さか》しらな人間のご都合主義では如何ともしがたい領域とされてきた。

二〇世紀後半になって、歴史上初めて、いつ、何人の子どもを産むかを、女性が自分の意思で決められるようになった。それを可能にしたのは、ピルをはじめとするさまざまな避妊の方法である。アメリカ合衆国やヨーロッパ諸国から始まり、今では日本、アジア諸国、南米でも、女性たちが自分で妊娠・出産をコントロールすることが可能になった。

それにより、恋愛、結婚、離婚、婚外恋愛、再婚などをめぐる状況はすっかり様変わりし、家族に関わる価値観、美意識、道徳まで変えてしまった。

しかし最近になって、産みたいときに産めるとは限らない現実が明らかになってきた。多くの女性が社会で活躍するようになり、職業の分野で成功を目指すようになると、出産は後回しにされた。私もアメリカで職業的に成功している女性の多くが、出産を三〇代後半に延期している例をいくつも見てきた。

私自身は、長女を二六歳で出産しており、当時はまだ職場でも半人前で、精神的にも未熟な状態で母親になった。その経験から、社会的にも経済的にも精神的にも成熟し、職場での地位が確立してから、母親になったほうがよいと思っていた。

それに対して最近は、三〇代後半以降になってようやく子どもを産む態勢が整ったが、今度はなかなか妊娠しないという女性が多くなってきた。産もうと思えばいつでも産めるというのは思い違いで、産みたくても産めず、辛い不妊治療などの努力を強いられる女性が増えている。その結果、野田聖子議員のように、他人の卵子で妊娠出産するという例も出てきた。

妊娠はさずかりモノではない。自分で意識して妊娠しやすい環境を整える、妊娠に協力的な配偶者を選ぶ、自分の体調・体質を把握するなどの活動を、意識的に行わなければならない。これが、妊活を提唱した白河桃子《とうこ》さん【註2】の趣旨である。

私はそれに加えて、若い頃からの健康維持と体調管理が大事なのではないかと思う。現代の若い女性は、スリムでなければ美しくない、太っていると異性からも同性からも評価されない、と思い込んでいる。ファッションもスリムな女性でないと着こなせないものが多い。私の周囲にも小学五年生くらいから、太りたくない、ダイエットしなければという子が増えている。私は高校生、大学生の頃の女性はふっくらしているのが魅力的だと思うのだが、それでは男性からもてないという。

スリムなだけが美しさの必須条件ではない。健康なら少し太り気味でもいいと、若い女性に納得させるのが妊活の第一歩である。

私はかねがね少子化対策は、男性が本気で取り組まないと効果は上がらないと言っているのだが、男性の育児協力以前に、ふっくらして健康的な女性が魅力的なのだという美意識を、男性も女性ももつことが大事なのではないかと思う。

女性医師のキャリア支援

女性医師は、医師全体でみると一八％だが、二〇代、三〇代では三分の一を占め、女子学生が四割を超えている医学部もある。

一人の医師を養成するには約六〜七千万円かかるといわれているが、私立ではその半額、国立ではその約九割に国民の税金が投入されている。資金だけではなく、卒業して一人前の医師になるまでに約一〇年かかるといわれ、本人の努力はもとより、指導する医師、周囲のサポートなど、多くの手間隙が必要とされる。

こうして養成された女性医師の多くが、キャリア半ばで離職している。これは本人にとってもったいないという以上に、社会の損失である。また女性医師が特定の専門診療科に片寄っているのも問題である。女性医師は眼科、皮膚科、耳鼻咽喉科などに集中する傾向があり、外科、産婦人科、救急科などの希望者は少ない。

医師不足から医学部定員の増大が叫ばれているが、それよりも女性医師の勤続・復職のための政策を充実させたほうがよいのは明白である。女性医師が職業を継続できるような診療体制を外科や救急科も整えることで、継続者も希望者も増える。

しかし、現実には三〇代を中心に、出産した医師の五割以上が離職しているという。フルタイムの医師という仕事は、男性にとってもハードであり、女性の場合、出産・育児との両立が難しい。夫の転勤・留学が理由のケースもあるが、ほとんどは育児との両立ができないからである。人手不足の診療科では夜勤免除や、複数の医師で*ジョブ・シェアリングする短時間労働もできないので、ますます希望者は減る。

こうした悪循環を断ち切るには、男性を含めた医師全体の働き方を変えることである。男性医師の場合、週二回の当直や、日勤・当直・日勤を続けて行う三六時間勤務や日曜出勤も珍しくない。これは医師自身の健康にも悪いが、過重労働が医療ミスにもつながる。勤務医の労働条件を改善するためには、どんな症状でも大規模病院が応対するのではなく、まず*総合診療医で診療し、必要に応じて専門医への橋渡しをするプライマリ・ケアを導入した、医療システム全体の改革が必要である。

しかしシステムだけではなく、「体を壊すほど働いて一人前」という古い価値観も変えるべきだろう。せめて当直や日曜出勤を残業として評価し、法律どおりの残業手当を支給することから始めなければならない。そのうえで、女性医師が出産後も仕事を継続できるように、産休・育休の確保、ジョブシェアなどの短時間勤務体制、院内保育など、労働環境の整備を行う。

また、出産育児で離職した女性医師が復職できるように、再就業のための訓練・インターン制度を充実させることである。たんに座学ではなく、実際に現場に立って仕事をしながら、勘を取り戻していく機会を整備する。それには受け入れる病院の指導体制・支援体制が不可欠である。

四〇歳の女性医師ならば、復帰後三〇年は医療に従事することができる。このような復職支援制度を整備すべきであり、こうした取り組みが、医師不足を解消する王道であり、最も効果的である。

仕事と子育てが両立できる社会を

働く女性にとって、乗り越えねばならない最大の課題のひとつが、仕事と子育てとをどう両立させるかである。そのために保育所は不可欠であり、「待機児童ゼロ作戦」*など保育所の定員増が図られてきた。しかし仕事をしている女性がもう一度両立に悩むのは子どもが小学校に入学した時である。

保育所では、子どもたちも保育士も親が働くのが当たり前だと思っている。ところが小学校では母親は家にいるという前提でさまざまな仕組みが考えられている。

学校によって少し違うが、低学年のうちは母親が持ち物に名前をつける、道具を買い揃えるというこまごましたことから始まり、避難訓練などの行事には、昼前に子どもを学校に迎えに行かねばならない。通学路の交通整理も交替で当番が回ってくる。父母会、授業参観もたびたびある。運動会や発表会も平日に行われる。さらに夏休みなどの長期休暇が難問である。放課後、子どもを独りにしておくのも安全の面で不安であるが、学*童保育はまだ十分ではない。それとPTAの役員が割り当てられる。

専業主婦の母親にとっては、PTAなどの「仕事」が、家から外へ踏み出す第一歩となり、そこでの仲間が地域のネットワークに結びついたり、自分の新しい才能に目覚めるきっかけとなったという人もいる。しかし働く母親、とくにフルタイムで働いている場合は、こうしたもろもろの義務と仕事の両立は難しく、子どもの入学を機に退職する人もいる。

もちろん学校行事に参加するために有給休暇を使えばいいし、父親もこうした学校行事に参加すべきである。

しかし現実は理想と異なる。日本の職場が考える労働者像は、「家庭を任せられる伴侶がいる男性」であり、社会もそれを前提としている。それゆえ、育児休業もやっと取れるようになったという職場が多く、子どもの病気で気兼ねしながら早退することも少なくないなかで、授業参観で有給を取るのは難しい。大多数の父親たちもサービス残業も辞せずという働き方をしている。

学校教育、とくに公立の小学校は働く母親が過半数になっているという現実に対応して、こうした行事を週末や夜間に行うなど、何か工夫ができないものだろうか。

さらに言えば、長期的な日本の社会や経済を考える時には、女性たちがほしい数だけ子どもが産み育てられるように、保育所や育児休業などの支援体制を整えると同時に、男性、父親も含めて、子育てや地域活動に参加できるよう残業を制限し、もっと安定した雇用を増やすことが必要である。男性も主婦に家事育児を丸投げし、健康を害するほど働くのは異常である。

日本企業は正社員の数を減らし、安価な派遣やパートを増やしてきた。アベノミクスで景気は上向き、企業は最高収益をあげているが、こうした経済は長期間持続できない。今こそ本気で持続できる社会システム、仕事と子育てを両立できる仕組みをつくるべきではなかろうか。

女性のミッド・キャリア危機

女性たちの職場進出はようやく定着してきた。最近の景気回復と団塊の世代の引退による人手不足も追い風になって、どの企業も女性を積極的に採用するようになってきた(もちろん男性より成績がよくヤル気のある女性だけ)。

また少子化が深刻になるにつれ、育児休業制度が整備され、曲がりなりにも正社員の九〇％の女性が取得できるようになってきた。出産を機に退職する女性はだいぶ減少し、勤続する女性は少しずつ増えている。経営者も少子化対策としての[*]ワーク・ライフ・バランス推進には熱心で、働く女性にとって大きな壁であった出産というバリアを越えつつある。

しかし、このように女性が家庭と両立できる環境が整っているように見える反面、新たな問題も見え始めている。それは四〇歳前後の働く女性における職場社会への不適応の問題である。これはある大企業の話だが、女性は新入時から五、六年の間は男性社員よりずっと優秀で意欲も高い。それがいつの間にかその輝きが失せ、出産後いったん復帰してもその後退職していったり、アメリカへ留学してＭＢＡ（経営学修士）のような資格を取って転職したり、継続していてもストレスで身体を壊したりしている。

なぜか。

女性たちが勤続し、少しずつ日本の企業社会の本質が見えてくると、そこが男社会であることを痛感させられる。しかもそれにどう適応すればよいか教えてくれる人もいない。女性部長は増えているように見えるが、*コンプライアンス（法令遵守）や、*ダイバーシティ（多様性の受容）、*CSR（企業の社会的責任）といった部署が多く、経営の根幹に関わる分野とは言えない。有能でキャリアを積んだ女性たちが、それぞれ手探りの試行錯誤を繰り返すなかで、「もういやだ」と仕事を辞めたり、外資系の企業に転職していく。女性のキャリアパスが確立しておらず、将来が見えないからである。

これは総合職として採用された女性たちの例だが、一般職、事務職として採用された女性たちもまた悩みは深い。まじめに働いても口で感謝されるだけで、昇進や昇給には結びつかない、たんに便利な存在として利用されるだけで終わるのではないか、自分を成長させる機会に恵まれないでいつまでも同じことだけさせられている、企業の経営情報や全体の方向性が見えてこない、などなど。

男性と同様、働く女性もキャリアの半ばで危機が訪れる。それは身体的なものだけでなく、精神的にも、職業面でも、今までの自分と違う能力が必要とされ、心の切り替えや新しい視点が求められる。

チームの一員として仕事をする段階、一人で仕事をする段階、チームの責任者として仕事をする段階と、それぞれで異なる力が必要となる。チームの責任者になると、どのようにチームを牽引するか、チームのメンバーの長所と短所を把握し、チームの目標に向かって力を発揮させるかが問われる。

今までは、継続して働く女性が少数だったので、こうした転換が問題にされなかったが、これから女性が職場で欠かせぬ存在になるにつれ、彼女たちが新しいステージで力を発揮するには何が必要か、どんな情報やサポートが必要かを、検討しなければならない。

がんばるアメリカのシングル・パパ

アメリカでも、「母の日」に比べ「父の日」は影が薄いが、六月第三日曜日を「父の日」

としたのは、一九六六年ジョンソン大統領の時代というから、すでに半世紀の歴史がある。

アメリカの国勢調査局（センサス・ビューロー）によれば、二〇〇五年現在のアメリカには、六四八〇万人の父親がおり、なかでも一八歳以下の子どもをもつ父親が二六五〇万人いるそうである。日本と違うのはそのうち二五〇万人がシングル・パパで、一人で子育てをしていることである。シングル・パパのうち四〇％は離婚したり、結婚していない父親であり、一六％は別居中の父親である。

かつてアメリカでも、映画「クレイマー、クレイマー」のように、離婚すれば母親が子どもを引き取るのが当然と思われていた。しかし、子どもを自分で育てたいという父親、実際に自分で育てている父親が最近増加していることを、前述の数字が表している。離婚後、子どもの親権をもつ父親は一割程度だが、父親に支払われる養育料は母親に支払われる養育料の半分以下である。

シングル・パパのうち、妻が亡くなったケースは四％を占めるに過ぎない。死別より離別である。

これもアメリカ的だと思うのは、結婚していても、家で子育てをしている父親が一五九万人いることである。失業中や学生という父親もいるが、妻が仕事を続けるために家庭で子育てを選んだ男性もかなりいる。専業パパ世帯の四割が世帯収入五万ドル以上というのは、妻がそこそこの収入を得る職業に就いているということである。彼らの六割は家庭で二人以上の子どもを育てている。

日本と比べてアメリカは公立の保育園が整備されておらず、私立の保育所やベビーシッターは高額なので、子どもを育てるには夫婦のどちらかが家にいるという選択が行われる。アメリカでは、育児に対する公的サポートは少ないが、女性が管理職に大量に進出している背景には配偶者のサポートがある。

日本では産前産後の休暇、育児休業など公的制度は整っている。公立の保育所も不足してはいるが、全国に設けられている。しかし若い父親たちは仕事が忙しいこともあってほとんど育児を分担しない。法律では父親も子どもが生まれた時に休暇が取れ、育児休業も取れるはずだが、現実は、育児は母親だけの仕事と思われている。雇用機会均等法はあっても、なかなか女性への差別がなくならないのとどこか似ている。

アメリカのように育児をサポートしない社会、離婚の多い社会も問題だが、日本のように育児をサポートしない父親も問題である。

感心するのは、六歳以下の子どもと暮らす父親のうち、三割が毎日子どもと朝食をとり、毎日夕食をとる父親が六四％もいることである。日本では、毎日夕食を子どもと一緒にする父親はその半分もいないのではないだろうか。また六歳以下の子どもと住む父親の六三％が、一日に三回以上子どもをほめているそうである。発達心理学などあらゆる研究が、父親の育児への参加が子どもの成長に大きくプラスになるとしている。

アメリカではこうしたがんばる父親たちのために、「母の日」ほどではないが、「父の日」にギフトが贈られる。定番のネクタイやワイシャツ、ゴルフのクラブだけでなく、ハンマーやスクリュードライバーのような大工道具も、人気のギフトだそうである。「父の日」を祝う食事で多いのはバーベキューである。こうした食事やギフトからも、がんばるアメリカの父親たちの元気な姿が浮かんでくる。

サウジアラビアの女性

二〇一二年末ＪＥＴＲＯ（日本貿易振興機構）の女性ミッションに参加して、サウジアラビアを訪問した。

サウジアラビアは世界一の産油国で、イスラムの聖地メッカを擁し、最も厳格にイスラムの教えが守られている。

女性は家の外での活動には厳しい制限があり、常にアバヤと呼ばれる黒衣と黒ベールを着用し、運転免許も取れず、夫や父親、兄弟など男性家族と一緒でなければ外出できない。表面的には極めて抑圧されている。世界経済フォーラムの女性の地位ランキングでは一〇八位であり（ちなみに日本は一〇五位）、同じイスラム圏のエジプト、トルコ、モロッコなどに比べても女性の影は薄い。

ところが女性たちはアバヤの下にセンスのいいお洒落なファッションをまとっており、私たちが会った王室の女性も、女子学生や女性実業家も、日本以上に活気と自信にあふれていた。

二〇〇五年に即位した現国王が、石油で国家財政が潤っている間に次世代のための投資をしようと教育に力を入れ、女性の教育や就業も奨励している。

施設設備は立派すぎるほど立派で、諸外国から教員を招へいし、多数の学生を諸外国へ留学させている。しがらみや既得権益のないところに、グローバルスタンダードの最高・最新の教育システムを導入し、アクティヴ・ラーニングやEラーニングも強力に実施されている。上からの強いリーダーシップによって、日本より改革のスピードは速い。

イスラムの教えでも家庭の中では母親が尊重され、女性の発言権は強かったらしい。男女の生活空間が画然と分かれているので、女性を対象とする教育、医療、ビジネスは女性によって担われている。

たとえば銀行や商店でも女性顧客を相手にするのは女性従業員であり、女性医師、女性教師などの専門職、女性向けエステサロン、ファッションなどのビジネスを行う女性起業家、女性経営者も多い。半分の世界の支配者といったところである。

私たちを自宅に招いてくださったサラ王女は、第三代ファイサル国王の孫で、同母の姉妹、姪なども同席されたが、全員が海外で立派な教育を受け女性の地位向上のための活動をされている。

よい意味のエリートとして、建国後まだ八〇年余、砂漠の遊牧民の国を立派な国にしようと一族が力を合わせているという。ちなみに、アラブの王族というと、贅沢三昧の快楽主義者というイメージがあるが、サラ王女によれば、王族にもいろいろな人がおり、そのなかで衆目が一致する有能でしっかりした人物が選ばれて王位を継承するそうである。

もちろん短い期間に私たちが会えたのは社会の上層部だけで、平均的な人々はまだまだ伝統に縛られているのだろうし、教育の恩恵も行きわたっていないかもしれない。知的労働者の養成に熱心だが、肉体労働は外国人労働者が担う現状にも危うさを感じる。

しかし、今サウジアラビアは社会も経済も暮らしも急速に変化している。石油によって所得水準が高いだけでなく、経済成長率も人口成長率も高い。日本の技術やビジネス、教育にも関心は高い。残念ながら、内向き傾向が強まっている日本は企業も大学もほとんど進出しておらず、イギリスやヨーロッパ諸国、アメリカ、最近では中国、韓国の存在感が強い。

私たちはアメリカや中国だけでなく、中東やアフリカ、中南米など、世界の動向に広く目を向けるべきではなかろうか。

ノルウェーのパパ・クォーター制

ノルウェーでは、女性たちの社会進出が進み、閣僚の半分、国会議員の四割が女性である。国連のGEM*（ジェンダーエンパワーメント指数）でも、世界経済フォーラムの指数でも、毎年世界の一、二位にランクされている。

ノルウェーでも今から四〇年前の一九七〇年頃は、当時の日本の女性より労働力率が低く、女性は家事や育児に専念すべきだと考えられていたが、今では日本よりはるかに多くの女性が出産や育児の時期も含めて働き続けている。

なぜ一世代の間に、女性の社会進出がこんなに進んだのか。ノルウェーも日本と同じように*女子差別撤廃条約を批准し、雇用機会均等法にあたる法律をつくり、育児休業制度をつくった。法律制度をつくる点では日本もそれなりに努力してきているが、ノルウェーではそれを守ろうと政府も国民も本気で思っているのに引き換え、日本では初めから無理だとあきらめている。差別があるのは当たり前、悪質なケースだけ摘発しようという姿勢である。現実の前にあきらめてしまい、現実を変えようとしない。

ノルウェーでは、日本と同じく父親と母親のどちらでも取れる育児休業制度をつくったが、父親はなかなか利用しないと見るや、「パパ・クォーター制」という仕組みをつくった（一九九三年）。ノルウェーの育児休業は、五四週間（賃金八割保障）、または四四週（賃金一〇割保障）のうち、六週間がこの「パパ・クォーター制」によって父親に割り当てられている。もし父親が育児休暇を取らなければ、その分育児休暇が短くなるという制度である。この制度ができると、男性の取得率がそれまでの四％から九〇％近くに跳ね上がった。

街中でも乳母車を押したり、子どもを抱いている男性をたくさん見かける。保育園で子どもを迎えに来ている若い父親に聞くと、彼らはこの育児休暇によって、子どもと父親の間柄が近くなったと喜んでいる。六週間の育児休暇が終わっても保育園への迎えは母親、送りは父親というように分担するのが当たり前になった。

ノルウェーを訪問した折に、何人かの父親に「育児は大変でないですか」と尋ねると、「もちろん大変だけど、かわいいし、育児は楽しいよ」と返ってきた。「育児は女性のようにうまくできないのではないか、男性は苦手でないか」と意地悪く聞くと、口々に「いや男性も女性に劣らず子どもの世話をできる」、「父親も愛情のある保育者になれる」と言う。子育ての訓練については、「とくに受けなかったが、妻と一緒にいろいろ経験した」そうで、「自分の父親は、育児は母親に任せきりで、女性でなければ育児はできないと信じていたが、男性にできないのは母乳をやることだけだ」と言うのですっかり感心させられた。私も初めての子どもを育てるときは不器用で、失敗もしたがそのうちになれた。

「日本では男性は育児だけでなく料理や掃除の訓練を受けていないから、女性に任せたほうがうまくできると信じている男性が多い」と言うと、「誰でもやってみないうちは未経験さ」と笑われてしまった。「できないからやらないというのは、家事をしないための賢い戦略だ」とも。

多くの日本人は、男女が対等になれば離婚が増えたり、競争が激しくなると心配するが、助け合い、協力できるのだということを、ノルウェーの父親たちが実証してくれた。

1　二〇一三年四月一九日、安倍晋三首相は女性の活躍を「成長戦略」の中核をなすものとし、「育児休業三年」「待機児童を五年でゼロに」「上場企業に女性役員を一人」など、次々と政策案を掲げた。

2　少子化ジャーナリスト、作家。「女の子を幸せにする心とカラダの授業」をプロデュース。著書に『「婚活」時代』（ディスカヴァー携書）など。

二章　ニッポンの社会力

右傾化社会を防ぐには

二〇一二年にポーランドのワルシャワで講演したおり、丸一日かけてアウシュビッツを訪問した。人間はなんと残酷なことをする存在なのかと考えさせられた。

展示の詳しいことはつらいので書かないが、一番印象的だったのは、ナチスはクーデターで政権に就いたのではなく、史上最も民主的だといわれるワイマール憲法のもとで、選挙によって選ばれた正当な政府だったということである。

カントやゲーテを生んだ理性的（だと信じられてきた）国民が、なぜナチスやヒトラーを自分たちの代表として選んだのか。もちろん大衆心理を上手に操ったヒトラーの戦略が功を奏したからだが、それを可能とした前提として、ドイツの一般国民のあいだに、当時の現状に対するやりきれなさと大きな不満があったからである。

第一次大戦の敗戦によってドイツは悪者扱いされ、領土を失い、莫大な賠償金を課され、国民生活は悪性のインフレに苦しめられていた。一九世紀後半に遅れて列強の仲間入りをし、科学技術、芸術の分野で大きな成果を上げたドイツ民族の誇りは、踏みにじられていた。

そこに現れたナチスは、ユダヤ人や共産主義者などわかりやすい敵を名指ししてそれを排除し、外国に対しても強い姿勢を示し、ドイツ民族の誇りを取り戻そうと叫んだ。そのヒトラーに人々は熱狂した。政権を獲得したナチスは、公約を実行するために強制収容所をつくりユダヤ人虐殺を行ったのである。

戦前の日本でも、国民が不況や不作に苦しむなか、政党は党利党略に走り、汚職や腐敗が進行する。政党政治に絶望した人々は、軍部を歓迎し、愛国心にかられて戦争にまい進した。

翻って現在の日本社会も、第二の敗戦といわれるような経済の停滞が続き、党利党略に走る政党が国民の支持を失い、官僚への信頼もすっかりなくなってしまった。デフレが続き国民のフラストレーションが高まるなかで、経済的に台頭してきた近隣諸国に

「なめられてはならない」、「軍備を増強して国益を主張しよう」という声が強くなる。隣国を罵詈雑言で非難するヘイトスピーチ*が横行する。こうした気分のなかで、選挙でも勇ましく愛国心を叫ぶ政治家が人気を集めた。

しかし、今必要なのはフラストレーションに負けない強い心を、国民一人ひとりがもつことである。一見、元気で強そうな人物をヒーローに祭り上げて権力を与え、一気呵成に物事を解決するのではなく、一つ一つもつれた糸を解きほぐし問題を解決していくべきである。自分にできる小さいことを積み重ねていく。「そんなことをしても成果は見えない」と絶望せず、よりよい社会につながるよう諦めずに続けていく。

そうした地味な活動を継続できる強靭さこそが、ヒトラーのような独裁者の出現を防ぐ。私たち一人ひとりが「自分は何も変えることはできない、誰かに変えてもらおう」と思う時が一番危ない。

社会保障改革は社会改革から

二〇一四年四月から消費税が引き上げとなったが、それとセットであるはずの社会保障改革はどうなったのか。

社会保障改革というと、まず財政赤字の増大が議論となり、今後高齢者が増すのでもっと費用が必要になるという話に終始する。その費用を税で分担し、社会保障制度を持続的に機能させるというのが、消費税引き上げの理由である。しかし、今のままの給付水準を続けていては、消費税を一〇%にしても不足で、将来二五%以上になると予測されている。社会保障制度を維持していくには、給付を見直さなければならないのは明らかである。

たとえば現在、給付開始年齢が六五歳となっているが、これを遅らせるべきである。

日本人の平均寿命は、男性七九・九歳、女性八六・四歳である。また六五～七四歳で要支援は一・二％、要介護は三・〇％である。もちろん個人差はあって、六〇代以前にけがや病気で介護が必要な人もいるが、それは別に手当てする。基本は年金の給付を七〇歳からとし、納付開始の年齢も現行の二〇歳から、二五歳に延ばす。日本より平均寿命の短いノルウェーの開始時期は六二〜七五歳、デンマーク六九歳、ドイツ、アメリカも六七歳である。

問題は六〇代の収入をどう確保するかである。多くの大企業は六二、三歳までは、給料は下げても再雇用などの就業機会を提供している。しかしそれ以後となると、自分で仕事を見つけなければならない。中小企業、コンビニ、外食産業などは、パートやアルバイトで労働力を確保している。一番望ましいのは、六〇代の人が今までの経験を生かして自分で仕事をおこすことである。

ワーキングマザーを支える家事育児サービス、高齢者の生活を支える福祉サービスなどのニーズは増えており、この分野のビジネスは大きな収益はなくても安定した需要が見込める。小さな企業の経理や営業を手伝ってもいいし、農業法人で働くのもよい。

今の高齢者は年金収入もあるし、貯蓄のある人も多いので、わざわざ低賃金で単純な仕事に就く必要はない。しかし、もし年金給付が遅くなれば、六〇代後半から七〇代前半の元気な高齢者も働きだすだろう。こういう案は国民の支持が得られないので、政治家は絶対言わないだろうが、六五歳以上の高齢者がすでに三千万人、これからも増え続けるのに、子どもや働き盛りの人口は減る一方で、高齢者が働ける社会をつくるのは緊急の課題である。高齢者自身の頭の切り替えが必要である。

そうかと言って、六〇代の高齢者が働きだすと、若者の職が奪われるのではないかと心配する声も強い。たしかに二〇~二四歳の若者の失業率は八・二%と高くなっており、パート、派遣などの非正規雇用で働く割合が三割にもおよぶ。国民年金の納付率は五八%であり、収入が少ないため免除される人もどんどん増えている。生活保護受給者も増加の一途にあり、すでに二万人を超えている。

社会保障を支える人はどんどん減っているのに、手厚い給付を続けることはできない、とだれもが理解すべきである。若者はしっかり学び、スキルや教養を身につけ、職に就き、結婚して子どもを産み育てることができるような社会にすること。もちろん女性も育児休業、短時間勤務の後は仕事に復帰する。政府は新しい産業・企業をおこし仕事を増やす。

それが最も正しい高齢化社会対策であり、社会保障改革であると思う。

分散型の時代へ

社会システムというと経済、政治、行政、教育と多岐にわたるが、二一世紀も一〇年以上を経てみると、私たちの暮らし方も、考え方も大きく変化している。とくに二〇一一年の福島第一原発事故以降は、節電行動が定着したこともあり、原子力発電所がすべてストップしていても経済活動は維持されている。

今国民の関心が高いのはエネルギー問題だが、原子力発電所や水力発電所など大規模な発電装置を遠くに造り、それを送電線で消費地まで運ぶというのが昔の通例だった。

その頃は、地熱や風力や太陽光などの発電は、大量の電気を安定的に生産できない、効率が悪い、採算の取れない発電とされた。

しかし、今進み始めているのは、住民が各戸に設置した太陽光パネルで発電し、電気自動車の蓄電池に蓄えて雨の日や夜間に使うという、再生可能エネルギー*（自然エネルギー）の自給である。小川を利用する小規模水力発電など、エネルギーの地産地消も広がっているし、技術革新によってフィルム型の太陽光発電装置なども実用化されつつある。

ゴミ処理も、遠く離れた場所に高性能の焼却施設を造って運び込むのではなく、ゴミが出る近くに小規模な処理施設を造る。コンポスト利用や分別など市民も協力し、できるだけ自分たちで処理する。

医療も、普段は近所の診療所でかかりつけの医者に診てもらい、手に負えない病気の時だけ大病院にいく。福祉分野でも効率を追求する大規模施設より、グループホームのような小規模施設のほうが一人ひとりのニーズに応えられる。

大量にエネルギーを使い、大量に同じものを作る大規模な製造業は、人件費の安い新興国に製造拠点を移し、日本に残っているのは最高度の技術水準を必要とする生産を、小規模で行うスタイルになるだろう。もちろんサービス産業、情報産業は小規模事業所が多く、個性的な方向を目指す。進歩を続けるコンピュータの世界で、クラウド型といわれる新世代のコンピュータも分散型である。

インターネットを利用したブログ、ユーチューブ、ツイッター、SNS*（フェイスブック、ミクシィなど）のような手段を利用して、個人が自分の思いを発信することができ、情報も分散型になっていく。

そうした分散化の時代には、マスコミのように多くの人に一律に提供される情報は影響力を失っていく。分散型社会では、生産者と消費者の距離が近くなり、時にはその両方を兼ねる人も増えてくる。情報の分野では、すでに受け手が送り手の両方を兼ねている。モノ作りではこうした現象はまだ少ないが、オーダーメード、カスタムメードというかたちで広がっている。

誰かが正解をもっているわけでなく、それぞれが自分の持ち場でベストを尽くしてベターな解を手探りで探す、その過程から本当に新しいものが生まれてくる。

自分が必要とするエネルギーも、自分の出したモノの後始末も自分の責任で調達し、処理する。大きなシステムのなかの歯車のようなパーツになってしまうのではなく、自分が責任をもって実行し、発言していく。ほかの人がやっていることをいいと思えば気軽にやってみる。

それは命令一下直ちに物事が進むスタイルに比べ、手間と暇がかかり、非効率的に見える。しかし、二一世紀の社会は、この分散のなかから新しいモデルを発見していくことになるだろう。

残念ながら、こうした分散化が進む社会に追いついていないのが政治である。霞が関や官邸などに情報を集中させ、中枢で判断を下し命令するのではなく、それぞれの現場が権限をもち、自分たちで判断する仕組みが確立していない。このままでは分散型ではなく、「分裂型」の社会になるかもしれない。

国民負担率を考える

高齢化が進むなかで税金や社会保険料などの負担がどんどん増加していく。現在の国民負担率は四〇％（二〇一三年度）だが、将来も五〇％を大きく上回らないようにすると政府は約束している。あまりにも国民負担率が上がると企業は外国へ逃げ出し、個人は勤労意欲をなくして国際競争力が落ちる。だから国民負担率を上げてはいけないというのが、経済学の定説となっている。

また、民間ができる仕事は民間にまかせ、政府は政府でなければできない仕事だけに専念するほうが効率的という考え方も強くなっている。たしかに、役所の仕事のなかには、もう使命を終え継続の必要のないものや、昔の法律や規則にしばられ、サービスを受ける側への配慮の足らないものも多いので、民間委託を支持する人も多い。

イギリスのサッチャー首相、アメリカのレーガン大統領もこうした政策を進めたし、日本の小泉首相の考え方もこれに近かった。しかし、最近、別の例をみて考えさせられた。

世界経済フォーラムが毎年発表する国際競争力ランキングにおいて、フィンランドという北欧の小国が、世界三位に位置している（ちなみに日本は九位で、一位は五年連続でスイス）。

フィンランドは情報分野の強さ、教育を受けた人材の多さ、差別のなさ、不正・腐敗が少ないことで高く評価されている。

しかしこのフィンランドの国民負担率は五〇％を超えている。税金も社会保険料も高い。それでも企業はこの国で成長し、才能ある人もこの国に住み続けたいと思っている。なぜだろうか。

一つは、自分たちの支払う税金や社会保険料が有効に使われていると国民が信認しているからである。年金や高齢者福祉が充実しているだけでなく、教育も小学校から大学まで無料、保育施設も希望者はほぼ全員利用できる。とくに教育に力を入れているので、英語で仕事ができる人材が多い。コンピュータを扱える人材の割合は高く、それが企業にとって魅力となっている。企業活動に対する補助も、規制は少ないが失業などで困窮している人は政府がサポートする。

フィンランドの例をみると、国民負担率の高さではなく、その使い方が問題なのだとわかる。教育や保育のように、将来の投資につながるお金は惜しまないが、農業や公共事業などについては大幅に削る。

このように、税金や社会保険料を何に使うか常にチェックし、不必要な支出は削る。効率的に使われているかどうか、目を光らせることが欠かせない。これはもちろん政治家の仕事であり、それを選ぶ国民の仕事である。

日本の場合、政府の仕事は無駄が多すぎる、だから小さい政府への転換が議論されるのだが、教育や福祉など政府の予算が少なすぎる分野もある。大きいか小さいか、負担率が高いか低いかではなく、国民が納得する使途をもう一度見直すべきである。

寄付を生かす

東日本大震災に対して、日本国内だけでなく世界中から義援金が寄せられた。お互いさま、とばかり多くの日本人がお金を拠出しただけでなく、外国の個人、財団などからも多くの寄付金があった。アメリカなどの豊かな国からだけでなく、アジアやアフリカのまだ貧しい途上国からも、精いっぱいの援助が寄せられた。

そうした善意で集められたお金が直接被災者に届いているのか、役に立っているのかを心配する声がある。

私もそれが気になって、被災地の子どもに奨学金を出すＮＰＯ*の設立に関わった。このＮＰＯでは事務費を極力少なくし、個人から寄せられたお金が全額子どもたちにまわるよう努めている。大きく有名な組織に寄付すると手続きが煩瑣《はんさ》で、なおかつそこで働いているスタッフの人件費や事務所経費などに少なからぬ金額が使われている。人々の善意を生かすためには、寄付金を無駄なく的確に生かす効率的な組織運営能力が必要である。
「アメリカでは大学や美術館に多額の寄付があるのに対し、日本人は寄付をしない。それは税制が悪いからだ。寄付をするとその金額が所得税から控除できる制度が必要だ」という議論が高まり、少しずつ日本でも寄付を奨励したり、免税措置を受ける団体を増やそうとしている。そこへ大震災が起こり、たくさんの人が善意を寄付という形であらわした。

ここで私が気になるのは寄付を受ける側の体制である。受け手の力不足で善意を生かしきれていないケースもみられた。今回の被災地でも食糧や衣料はもて余すから、義援金が一番好ましいと言われた。しかし、仕事をなくした被災者に物資の仕分けの仕事を委託するとか、必要な物品があれば持ち帰ってもらうとか、工夫のしようはいくらでもある。

先日、ある地方自治体に私の親戚が所有していた土地と建物を寄付しようとしたら、現金は受けるが小規模な不動産は管理しきれないので辞退すると言われてがっかりした。

たしかにその通りで、管理は面倒なので現金が一番ありがたいのだろうとは思う。しかし寄付された不動産をどこかのＮＰＯに貸し出して、その活動を支えるとか、もう少し知恵を出し、善意が生かせるようにできるはずである。

自治体だけでなく、ボランティアで支えられるＮＰＯや公益法人*は、こうした善意を生かす活動をもっとできないものだろうか。チャリティイベントや、資源回収などの活動をすれば、協力者は多数いるはずである。善意と善意をどう結びつけるか。結びつくことで善意が大きく生きる。

たとえば、地域の実情をよく知っている信用金庫などが、そうした善意を必要とする団体につなぐような活動をしてもよい。小規模な土地建物でも、そこで高齢者のためのグループホームを運営したいと名乗りを上げる団体があるかもしれない。童話の読み聞かせをしたいと考えているグループが場所を探しているかもしれない。情報があふれていても、その情報と必要とする人とを結びつけるのは、意外と難しい。

寄付控除税制*を整備するだけではなく、寄付されたものやお金をどのように生かして使うか、寄付をしてもいいと考えている人をどう発見するか、受ける側の能力も、もっともっと磨き高めるべきなのではなかろうか。

これからの環境エネルギー政策

第二次大戦の教訓から日本は戦後、日米安保を機軸に軽武装、非戦を貫き経済重視の政策を取ってきた。それは日本の国民の心からの平和主義とも合致し、大きな成功をもたらした。

しかし一九八九年にベルリンの壁が崩壊して四半世紀、共産主義対資本主義という枠組みは崩れ、資本主義はグローバル化し、猛威を振るったなかで新しい国際関係が構築されなければならなくなっている。アメリカが唯一の超大国としての力を薄めている一方で、ＥＵ、中国、インドというプレイヤーが比重を増している。とくに中国は中華文明の再興をうたい、近隣への影響力も強めようとしている。このなかで日本の立ち位置をどこに求めるべきだろうか。私は二〇世紀後半の日本がそうであったように、国の方針には国民の合意が不可欠と思っている。

その条件に一番合致するのが環境である。今後の日本の政策の基本は、世界の環境政策の旗手になることだと思っている。もちろんハイテク文化国家、人道支援大国、平和大国という選択肢もあるだろうが、国民の合意が得られ、また日本がそれを実行し、リードするだけの硬軟さまざまな力をもっているのは環境分野である。

山川草木悉皆成仏、八百万の神々の宿る社を大事にしてきた日本人にとって、環境を大事にすべきだという合意を形成するのは比較的容易である（既に、ほぼコンセンサスになりつつある）。

また鎖国時代の経験から限られた国土のなかで、資源を大事にし、リサイクルシステムをつくり上げた技術と生活の蓄積がある。それは現代においても立派に生かされており、世界に「もったいない」と発信すべきモデルを現在既に有しているし、さらに開発する力をもっている。

たとえば、Ｊパワーの磯子発電所（神奈川県横浜市）は、最近では珍しく石炭を燃料にしているが、その発電効率をとことん高めている。大都市部の一角なので窒素、硫黄は回収され排出量が抑えられている。高い煙突から排出される煙は無色に近い。もし各国もそのレベルで発電できると、国内産石炭を有する多くの国々の石油市場への需要はかなり減るし、環境悪化に悩む中国などには大きな福音だろう。石炭は石油と異なり世界中で産出されるので、安全保障上も役に立つ。

また、二〇一一年以降は急速に太陽光発電技術が進歩し、フィルム状の薄膜太陽電池も実用化されようとしている。

水問題もこれからますます深刻になる。治水治山事業は日本のお家芸で専門家はたくさんいるのに、国内ではもう開発すべきところが限られてきている。しかし、世界では急増する水需要に供給が追いついていない。砂漠化の進む世界で水の効率利用、透過膜やバイオ技術などによる浄化還元なども技術面で国際協力の際の大事なカードになる。

ＥＵなどが政治的に上手に立ち回っているのに比べ、国内のコンセンサスを得るのに時間のかかる日本は、環境分野では遅れた国のように誤解されているがとんでもない話である。もっと日本がどれほど環境問題に熱心か、支える高い技術水準にあるかを自覚し、世界に発信していかなければならない。

そしてそれを国際交渉の重要なカードとして、使えるはずである。たとえば、開発国への経済協力は環境関連に絞る、植林や水の浄化のようなプロジェクトに重点を置く、というように特化する。磯子発電所のようなモデルを売り込み、建設するのを応援すると、どちらもハッピーである。

いまこそ明確な政治の〝意志〟を新たに示すべきではなかろうか。

医療保険と死生観

医療保険財政の赤字が増え続けている。

赤字の原因として、社会的入院[*]、過剰検査、過剰投薬など問題が指摘されており、こうした無駄を少しでもなくすよう改善していくことが必要だが、根本的に、私たちの死生観も問い直す時期にきているのではなかろうか。

究極の人間の寿命は一二〇歳くらいだと言われるが、六〇歳、七〇歳になると身体の免疫力が低下し、慢性的な病気にかかりやすくなる。ガンや高血圧、心臓病なども昔より増えているような気がするが、それは生活習慣だけが原因ではないだろう。

昔は、若いうちに結核などの感染症や飢餓、出産などで死ぬ人が多く、ガンなどにかかる前に死んでいた。寿命が延びたことで、ガンや高血圧で死ぬ人が増えたという面もあるらしい。

先日も、身近な八〇歳の男性が検診でガンが見つかり、手術をした。手術は成功したが体力を消耗して数か月で亡くなってしまった。保険で一か月一千万円以上の高額医療を支出した患者の四人に三人は、一年以内に亡くなっていると言われる。

自分が意志表示できない状態になる前に、延命措置を拒否する宣言書「リビング・ウィル」を登録できる「日本尊厳死協会」もあるが、加入者はまだ一二万人ほどという。

一方で、どれだけお金がかかろうと一日でも長く生きていたい、生かしておきたいという患者や家族がおり、そうした期待に応える医療の水準はどんどん高くなっている。

私自身は年をとっても頭がシャープで、健康で社会で必要とされ、他人の世話にならずに生活するなかで、突然死ぬか、せいぜい一か月以内の入院で死ぬのが一番望ましいと今は考えている。しかし、希望どおりになるかどうかはわからない。死は他人事でなく、自分の問題である。

社会が貧しく、多くの人々が長寿を楽しむことができなかった時代には、死はもっと身近だった。

戦争で、あるいは災害や病気で若くして死に直面した人々や家族に対して、死後の救済や平安を保障し、あるいは死を美化し、死を受容する心の準備をするのが、宗教や道徳の大きな役割だった。しかし現在の日本の仏教は、僧侶の世襲化によって家業になり、こうした人々の不安に応えられなくなっている。

昔の人から見れば長寿と言える七〇、八〇歳まで生きてもなお、医療によって病気を治療し、一日でも長く生きようとする。臓器移植、生殖医療など最先端の治療も含め、科学技術の進歩は不可能を可能にしつつある。一方で、オランダのように安楽死を法制化した国もある。

医療費という観点からでなく、人間いかに生き、いかに死ぬかという根本に立ちかえって、国民的に議論することが、高齢化が進めば進むほど必要になってくるのではなかろうか。

Part II
人材を人財に

三章　ニッポン企業の品格

四章　やっぱり教育が大事

三章 ニッポン企業の品格

企業の社会貢献とは何か？

大学生の就職活動が年々早くなり、今では三年生の一二月から企業説明会が行われ、インターネットでの登録も始まる。四月に面接試験があり、早い学生は五月の連休までに就職先が決まるが、夏休みを過ぎ、秋を経て年が改まっても就職活動をしている学生が多数おり、冬以降は三年生と四年生が同時に就職活動をする状態になっている。

なかなか就職が決まらない学生は、何度も面接試験を受けては落とされ、すっかり自信をなくし深く傷ついている。自分は社会から必要とされていないという厳しい現実の前に、自尊心を失った状況である。

もちろん、学生のなかには将来のヴィジョンをもたず、自分の適性も把握せず、「下手な鉄砲数撃ちゃ当たる」とばかり、四〇も五〇も企業にエントリーするような、迷える子羊がいるのも事実である。しかし企業の側ももう少し就職活動の開始の時期を遅くして、せめて三月から開始すれば、三年間は学生が勉強に専念し、留学することもできる。大学の学長は連名で、採用開始を遅くするよう経済団体に要望を出しているが、実現にはいたっていない。

もう少し付け加えるならば、就職試験に関しては時期だけでなく、内容にも配慮がほしい。大学で何を学び、どのような研究をし、何をテーマに卒業論文を書いたか、四年間でどれだけの学力や知的スキルを身につけたか、といったことに企業側が関心を示せば、学生がクラブ活動にばかり精を出し、専門の勉強をおろそかにするという問題も解決できるかもしれない。

周知の通り、日本の四年制大学への進学率は五〇％を超えている。女性は短大に進学する学生もいるので五〇％に届いていないが、男子では五四％である。四半世紀前に比べると、その三倍になっている。だから大学生の質が落ちていると言われるのだが、進学率の上昇は先進国に共通した現象で、韓国では七〇％、アメリカで六〇％と多数が大学で教育を受けている。

どの国も国際競争力をつけるため、国民の教育水準、知的水準を上げようと必死である。そのなかで日本の大学生がろくろく勉強しないのでは、さきざき日本の企業も困るはずである。

採用は企業が長期的戦略のもとに決定すべきことは言うまでもないが、社会に対する影響は大きい。女性を本気で育てる気があるのか、英語ができるほうがいいのか、体力が一番なのか、採用基準はその企業からのメッセージであり、学生たちはそれに敏感に反応する。たとえば最近、いくつかの企業がＴＯＥＩＣのスコア六五〇点を応募資格にしたことから、学生たちは英語を真剣に学び始めた。ボランティアやインターンシップも同様である。ぜひ大学での成績も考慮してほしいものである。

企業の社会的責任については、最近ＣＳＲの名のもとに、地球環境や自然保護、スポーツや芸術への支援も行われている。それはもちろんいいことで企業イメージのアップにつながっているのだろう。だが企業の最大の社会貢献は、しっかりよい人材を採用し、人財として育て上げることである。そして企業を持続させ、従業員に安定した生活を保障することである。まずは新卒者を正規雇用でできるだけ多く採用するのが最大の社会貢献ではないだろうか

グローバル人材を育てるために

文部科学省が*グローバル人材育成推進のための補助事業を行っているが、この背景には、日本の社会経済が再活性化するためには、人材育成が重要で、なかでも国際社会に通用する人材が必要だという社会的コンセンサスがある。

多くの日本企業は、安いコストを求めて生産拠点を海外に置き、貿易摩擦を避けるために製品を海外市場で販売している。国籍を越えた企業同士の合弁、Ｍ＆Ａ*も盛んであり、提携の交渉が日常的に行われ、多数の契約が結ばれている。研究開発においても、国境を越えて競争と協力が行われている。日本のどの企業でも、そうした仕事がこなせ

る人材が必要とされ、外国人の採用も増えている。

日本の若者も、国内企業で有用な人材となるためには、外国語を使いこなし、外国人と対等に交渉でき、偏見なく外国人を上司、同僚、部下に迎え、チームを組んで働ける能力が求められている。

グローバル人材は、国内の企業が必要としているだけではない。多国籍企業のトップや国際機関の幹部など、国益を守れるような人材を、もっと養成しなければならない。そのためにも何はともあれ、語学、とくにビジネスでの世界共通語である英語を、読み・書き・聞き・話す能力を習得することが肝心である。そのうえで、それぞれの専門性を身につける。

日本の大学教育では、理工科系は修士課程まで進み、社会で必要とされる専門的知識を身につける教育体系が一応確立されている。しかし大学生の多数を占める社会科学、人文科学では、大学での教育の体系が確立されておらず、就職にあたっても大学での成績より、クラブ活動やアルバイト経験が重視されるくらいである。英語どころか日本語の読み書き、数学の基礎もおぼつかない学生も多い。そのため、大学に対して、グローバル人材教育以前に、学生が社会人としての基礎力を身につけることが先決で、まずは一般教養や日本語力を教えるべきだということになる。

しかし多くの場合、これらの能力、たとえばコミュニケーション能力、日本の歴史、文化、社会に対する理解、一般教養などの基礎は、大学に入学する前に、家庭で、小中学校で、高校で時間をかけて養うべきものであり、大学教育だけで身につけるのは難しい。初等中等教育では日本語の読み書き、計算と並んで外国語の基礎をしっかり習得するべきである。その基礎のうえに、大学では一段上の教養、専門的知識を学び、あるいは留学やプロジェクト学習を体験する。

日本の大学生は、高校までに基礎を身につけ自分で学習する能力をもつという前提で、自由時間がたっぷり与えられているのだから、本当にグローバル人材を志すなら、アメリカや中国の大学生に負けないくらい、しっかり勉強しなければならない。

そのうえで、企業の収益、自分の利益、自分の成功だけを追い求めず、社会全体がよくなるにはどうすればよいかを考えて行動する、そうした見識と高い目標、人格を身につける。それがグローバル人材である。

大学では勉強や読書より、友達をつくり、クラブ活動やアルバイトに励みましょう、などと言っていては、国内でも国際社会からも取り残されることだけはたしかである。

CSRの本分

企業の社会的責任を意味するCSRという概念がすっかり定着してきた。しかし、CSRと言えばすなわち「地球環境への寄与」というイメージが先行し、「環境保全に取り組んでいます」というのが企業の免罪符になっている。

もちろん環境問題は重要であり、かつて民主党政権も二五％の二酸化炭素削減を公言した。気候変動のメカニズムがまだ充分に解明されていないとはいえ、化石燃料を大量に消費する社会システムが、すでに立ちゆかなくなっていることは、だれもが理解している。

しかし、九〇年代にＥＵ（ヨーロッパ連合）が世界に先駆けて最初にＣＳＲの重要性を訴えた時には、「環境」より「人」に重点が置かれていた【註3】。失業率を下げ、社会の一体感を維持していくために企業は何ができるか、という問題提起であった。企業は持続する環境、持続する社会を維持していくために行動しなければならない。失業、とくに若者の失業は社会的排除につながり、社会の一体感を損ない、社会が持続できなくなる。企業はできるだけ若年者を雇用し、職業訓練・社会的経験を与えるのが、社会的責任の趣旨であったという。

その後、一九九二年にリオ・デ・ジャネイロで開催された「地球サミット」で気候変動枠組条約が採択され、それをひとつのきっかけに、地球温暖化や環境への関心が広がっていった。日本にＣＳＲという概念が受容された時期と重なったことから、ＣＳＲイコール環境と受け止められたようである。

一方、いま日本でも二〇〇八年のリーマンショック以来、不況のなかで失業率が上がり、非正規雇用でしか働けない若者が増えている。非正規雇用の最大の問題点は、給料が低いことではなく、安定性がなく職業訓練・社会的訓練がしっかり受けられないことである。また男女とも不安定な雇用では結婚し、子どもを育てるのにも躊躇する。

このように、人材を育成するのではなく安い労働力を使い捨てていては、企業も社会も持続できない。企業にとって少しコストがかかっても、良質な雇用機会を人々に提供するのが最大の社会的責任である。

しかしこの考え方に賛成する経営者は少ない。ブラック企業とまで言われなくとも、短期的な利益、投資効率を追求する近代経営では、人件費を抑えることが優先され、長期的な投資や人材育成は軽んじられる。たしかにコストを削減していれば利益は確保できる（本当に必要なのは新しい成長ビジネスをつくる優れた経営者なのだが）。雇用の増大は人件費の増大、すなわちコストの増大とみなされる。投資効率を下げ株価にも悪影響を与える。だからリストラに成功した企業は株価が上がる。

一方、地球環境対策の場合は省エネルギー、省資源の投資はコスト削減にもつながることが明らかなので経営目標にもしやすい。現に省エネで消費電力や消耗品費が削減され、長期的にも環境技術は新しい成長分野であるのは明らかである。だから環境対策、環境技術の開発にはだれも反対しない。避けて通れない課題であるとコンセンサスができている。人材を育てた成果はすぐには見えない。

それだけに、改めて「企業の社会的責任は良質な雇用の提供である」と声を大にして訴えたい。少なくとも地球環境対策と同じくらい重視してほしいと願わずにはいられない。

組織のはじめとおわり

何かを始める時、人はみな理想に燃えている。創意と工夫をこらし、実現に向けて全力投球する。

ゼロから起業したビジネスマン、新しい教育理念に燃えて学校を創立した人、日本一の高齢者サービスを行おうと特別養護老人ホームを開業した人など、多くの創業者はエネルギーとアイディアにあふれた魅力的な人が多い。

役所の組織でも、法律をつくり、新しくスタートした時は志に燃えている（私も、新しくスタートした組織で働いている時はとても忙しいが充実していた）。

しかし、こうした仕事や組織も時が経ち、二代目、三代目が継承するようになると、いつの間にか創意と工夫が薄れ、安定を求めるようになる。一方で環境はどんどん変化し、新しいニーズが生まれるが、安定した組織はどうしても環境の変化に応えることができない。組織は人間と同じで子どもや青年の頃は生命力に満ちあふれているが、時とともに衰えていく。

民間の企業の場合は、新しいニーズに応えられなくなると、製品やサービスが売れなくなり、そのまま倒産するか、必死のリストラをして新しいビジネスを育てて再生するか、どちらかを迫られる。

ところが、政府の組織や学校、福祉サービスなどの公益法人は、一度立ち上がるとその使命を果たした後もズルズルと存続する。私立の学校などは、それでも生徒、学生が減少するので自己改革に着手せざるを得ないが、国公立大学や公団など政府関係の組織の場合、なかなかそうはいかない。いくら設立当初のニーズがなくなっても存続する。

さすがに予算や定員も毎年伸びはしなくなるが、それでも組織防衛のために、新しい理由をつけては、予算や定員を確保しようとする。高度経済成長期以前にできた組織には、その傾向がある。

日本人はとかく「○○社は永遠です」などと組織の永続を美徳と考えがちだが、本当はあらゆる組織は生き物で、生まれて成長し、変質し、衰えていくことが避けられない。盛者必衰は世の習いである。

政府の組織や公益法人もそれを前提として見直さないと、使命を終えた組織が延々と生きのびて、新しく必要とされる分野に人や予算を投入することができず、国全体が衰えていってしまう。

一歩進んで、これからはあらゆる組織をつくる時には、目的を達成し終了する期限も明らかにすべきである。日本の法律はつくる際のルールや手続きは詳しく決めているが、やめる時の手続き、解散する際のルールは決めていないことが多い。

生産だけでなく、最後の処理まで行わないと身動きがとれなくなる。動脈だけでなく静脈もしっかり働かないと人間が生きていけないように、組織も法律もつくる時にどう変え、終らせるかも考えていかねばならないのではなかろうか。

限りある生命だからこそ、花は美しく咲く。永遠の命を与えれば、花は緊張と美しさを失うだろう。

ダイバーシティは経営者から

働く人たちのダイバーシティ（多様性）を推進しようという考えはだいぶ定着してきた。

第一段階は、働き盛りの男性だけでなく女性も、若い人も年を取っている人も、健常者も障害者も、外国人も、差別されることなく、働ける環境をつくることである。そうした差別をしないことによって人材供給源が二倍にも三倍にも広がり、埋もれていた才能を発掘することができる。差別されないことで意欲をもつ人も増える。それはまたマーケットが多様化し、ニーズが多様化するなかで、供給する側も多様になることは多くのプラスをもたらすはずである。

第二段階は、そうした外形的なダイバーシティだけでなく、一人ひとりが多様な働き方を可能にすることである。あるときはバリバリ全力投球をして働き、あるときは育児や介護と仕事のバランスを大事にする。職場で働くばかりでなく、在宅勤務もあるだろう。年俸制や、自由裁量労働など報酬も異なる。九時から五時までという働き方をする人、*フレックスタイム制で働く人など、多様な働き方を可能とすることが今後は不可欠であるが、それをマネージするのが管理監督者の任務である。

第三段階は、経営者・経営のダイバーシティである。従業員は多様化しても経営者は同質ということが多い。生え抜きの人材ばかりでなく、多様な経験、経歴をもつ人が経営者にも必要である。実は今の日本で、キャリアにおいて一番多様性が乏しいのは経営者かもしれない。上場企業の取締役に占める外国人の割合は、女性と同様二％前後である。

日本の勤労者は相変わらず長時間労働が多く、まじめに責任を果たそうとする人が多い。しかし、経営者はそうした勤労者に頼り、ボトムアップをよしとし、他者がやってうまくいった*ビジネスモデルを真似て、それに改善を加え、コストを抑え、激しい競争にしのぎを削る。それよりも、他の会社ができないことに目を向け、自社の強みを磨こうとするべきなのだが、新しいことにはリスクを恐れて取り組もうとしない。

話が飛躍するが、第二次大戦において日本の軍隊が兵士や下士官の犠牲的な奮闘に頼るばかりで、大局的な戦略を描かなかったことを髣髴とさせる。現在の経営者も新しい戦略を描かず、既にある手法・ビジネスモデルを取り入れ、それを洗練することで、競争優位に立とうとする点では同じである。

新しい発想で新しいビジネスモデルをつくり出すには、経営陣が、バックグラウンド、経歴、才能において多様であることが望ましい。しかし、大組織になってしまった経営陣には、そのような多様性が極めて乏しい（創業者はその点、自身が多様な経歴をもつ人が多い）。

今、社員の多様化はようやく実現しつつあるが、働き方の多様化はまだ手探りの段階であり、経営者の多様化については問題意識さえもたれていない。しかし今後の日本経済にとって一番必要となるのは、経営者の多様化なのではないだろうか。

虚需を排す

企業のトップになるといろいろな付き合いが増える。そのために体面を整えることもある程度必要になってくる。しかしその限度は良識でコントロールしなければならない。たとえば車はタクシーでは格好がつかない、せめてハイヤーで運転手をつけなければ、いややっぱり専用車で、国産車よりベンツかＢＭＷのような外車がいい、とどんどんエスカレートしがちである。

スーツはデザイナーのオートクチュール、時計やカバンなどの持ち物はブランド品ときりがない。それぞれ合理的な理由――たとえば自分で運転して事故を起こしてはいけない、時間の節約になるなどがあればよいが、そうでなく体面のために無駄な出費をしているようでは、その企業の行く末もトップの将来も暗いといえる。部下は「トップは会社の顔ですから」と言うが、経営状態が苦しいのに外見を繕っても周囲にはすぐわかる。またトップが贅沢をしていると部下へ示しがつかなくなり、上の贅沢は部下も見習い、全体として高コスト体質になってしまう。

唐の名君として知られる太宗とその臣下との言行を記した『貞観政要』は帝王学の教科書といわれ、山本七平も『帝王学』という本に著している。そのなかで虚需を排し、実需に徹することを勧めている。実需は現実に必要なモノやサービスへの支出であり限度が明らかである。しかし富と権力があると、周囲が「その地位ならこれくらいがふさわしい」と勧める。本人がよほど強い気持ちで虚需を排していかなければ、いつの間にか贅沢になってしまう。

秦の始皇帝や随の煬帝《ようだい》、ルイ一四世などの栄華を誇った君主は、搾取された民衆から恨みを買い、権勢が長続きしなかった。唐の太宗はそれを反面教師とし、できるだけ質素に暮らすことで名君と謳われた。日本でも鎌倉幕府の執権や徳川家康なども質素を心がけたからその政権は民衆の支持を得、長続きした。豊臣秀吉、あるいは昭和の田中角栄など権力者が贅沢な暮らしをすると長続きしないのは、贅沢な暮らしは反感をもたれ、また腐敗を生みやすいからである。

江戸時代の武士は、士農工商制度で身分は高かったが、多くは家計が苦しく質素な暮らしをおくっていた。町人のほうがずっと豊かで贅沢に暮らしており、町人から借金をする大名家も多かった。それでも武士は自分たちの身分や立場に誇りをもって、学問や武道の修行にいそしんだので尊敬された。その伝統は現在も完全には消えてはおらず、人の価値はお金だけではないと考える人もまだいる。

アメリカの企業のトップが社員の数百倍の給料をとり、ストックオプションや医療保険（アメリカは民間の医療保険に加入する）、専用飛行機などの贅沢を享受しているのに比べ、日本の経営者は給料が低いから有能な人材を世界から集めることができないと批判されることもある。しかしこれは、日本のほうが健全でアメリカが間違っている。リーマンショックの後、企業経営が破綻し公的資金を注入されても高い退職金を契約通り獲得する経営者に対しては、アメリカでも批判が高まりだした。

トップが質素に暮らし、高禄をはまない、というのは日本の麗しい伝統である。これをアメリカンスタンダードに近づける必要はまったくない。むしろ日本が自信と誇りをもって、企業人のあるべき姿として世界にアピールしていくべき美徳、美風である。私も公用車は廃止している。

そんなことをすると個人消費が冷え込むのでは、と恐れることはない。一部の人がブランド品を買わなくても、もっと多くの人が必要としている、広くて長持ちする住宅、いつでも入れる保育所、安心して介護を受けられる施設やサービスなど、開拓すべき新しい需要、実需はまだまだたくさんある。

不況の時にやるべきこと

企業は常に厳しい環境のなかにある。経済環境の激変のなかで、どのように生きのびるか、必死の努力を重ねている。もちろん産業分野、事業分野によっては、危機が深刻な外需型の製造業のような分野や、比較的影響が軽微な内需型のエネルギーのような分野もあるが、少子高齢化による人口減少のなかで、早晩すべての企業が需要の減少に直面するだろう。

こうした危機の時にはバタバタあがいても、効果が上がらないことが多い。売り上げを増やし、業績を維持し、利益を確保しようとする努力は、好況の時に比して報われないと覚悟しておいたほうがいい。ここは休みを増やし、生産を減らし、店舗数や規模を縮小し、嵐の過ぎるのを待つほうが、コスト削減による売り上げの維持向上や、新しい事業分野への進出を画策するより効果的である。

不安に駆られて無駄な動きをするより、不況の時こそやらなければならないことがある。それは自分の力を増すことである。

自分の力を増すとは何か。企業が成長している時、売り上げが伸びている時には、十分手が回らなかった社員の教育を行い、企業活動のレベルを上げることである。それにはまずトップが自分の考えや、社員への期待を熱く語り、目標を共有する時間をもつことが大事である。不況の時は不安をもちやすく、志気が下がりがちであるが、こういう時こそトップの直接の訴えが重要になる。

講師を呼んで研修をしたり、今後発展が見込める分野に人事配置をし、必要な知識や技術を取得することも、将来への備えとして有意義である。社員同士の経験を交換させる、競争相手や他の分野の成功事例を研究するなど、いろいろあるだろう。本人が希望すれば外部の大学や大学院に派遣したり、他社でインターンシップを経験することも有意義である。とかく不況の時は、教育研修の経費は不要不急部門の筆頭にあげられ、削減されることが多い。好況の時は、費用は捻出できても、社員はみな忙しく学習する時間がとれない。これではいつまでたっても社員教育は後回しになる。

しかし人材は人財、企業にとっては働いている社員のレベルは何より重要である。もちろん好況の時も教育研修はなおざりにしてはいけないが、不況の時こそ教育訓練に本格的に取り組むべきである。もちろん社員個人個人も残業が減り、時間のゆとりがある不況の時こそ、愚痴をこぼすより読書をする、新しい勉強に取り組む、というように積極的に臨むべきである。

また新しい戦略を立てるにもいい時期である。好況の時は楽観的な計画を立てやすく、不況の時は悲観的になりやすい。しかし不況の時の方が現状維持はできない、改革が不可欠だという意識が共有しやすく、危機感をもって新しい戦略に取り組みやすい。不況の時こそ客観的にしっかり目標を立て、中長期的にどのような分野に進出し、どの分野からは撤退すべきかを検討し、それに対する手当てを行うことが重要である。先の教育訓練もどの分野に重点を置くかは将来を見据えて方向づけをすることができる。自らの強みを伸ばせる分野はどこか、弱みはどこか、弱いところから撤退するか、てこ入れをして改善回復を図るか、決断しなければならない。

ある老舗の経営者が「不況の時は掃除をする」と言っておられた。掃除をすると工場や店がすっきりし、気持ちがよくやる気になる。今まで見過ごしてきた在庫や無駄が目に見えるので整理できる。物理的な掃除だけでなく、時間の余裕のある不況の時こそ、文書の整理、レポートラインの見直し、規則や決裁適否の見直しなど、後回しになっていたことをする好機になるという。そして何よりも、継続してきた働き方を見直す好機になる。

イノベーションのジレンマ

経済のグローバル化が進むなかで、これからの日本はどう生きていけばよいのだろうか。

多くの人は日本の強みはモノづくりだという。ほかの国が真似できない高い品質の電子機器、自動車部品をつくるのが日本の強みだから、これをどんどん伸ばせばよいという意見である。

たしかにコンピュータもカメラも中級品は新興工業国のほうが安く、品質にも大きな差がなくなっている。日本は高い人件費を稼ぎだすために、高価で品質の良い上級品で勝負すべきだという意見はなるほどと思わせる。しかしこれは*イノベーションのジレンマといわれる現象を招きやすい。

イノベーションのジレンマとは、ハーバード・ビジネススクールのクレイトン・クリステンセン教授【註4】の説で、大企業が新興企業の破壊的イノベーションの前に力を失うメカニズムを分析した経営理論である。ある分野で成功した企業は、顧客のニーズに応えようと従来製品の改良をどんどん進め、それによってブランドイメージを保持し収益も上げるが、ある段階で顧客のニーズを超えてしまい、それを必要とする顧客、使いこなせるユーザーがいなくなると説く。

富裕層はどの社会でも数は少ない。その人たちは確実な顧客、顔の見える顧客で、その声は企業関係者の耳にもよく聞こえる。そうした目利きに評価されることで誇りを感じ、ますます研鑽をつみ、高品質、高性能の製品をつくろうとする。

しかし実は、数としては圧倒的に多い一般ユーザーはそんなに高級でなくてもいいから、ほどほどの性能とほどほどの値段のものがあればいいと思っている。あまりにも進化し機能が多すぎて使いこなせない人もかなりいる。そうした多数の声は潜在的で、アンケート調査をしても浮かび上がってこないから作り手には見えない。そのタイミングで無名の中小企業が従来の製品の性能を絞り、値段を半分くらいにすると、爆発的に売れることがある。高級品メーカーのほうは、新興企業の真似をするのは潔しとせず「安いものを出すとブランドイメージが損なわれる」と考えて、ますます高級化を進める。そのうちに無名企業はどんどん成長し、新しい設備投資をして、次第に品質も高まってくる。

こうした現象は、衣料品でいえばデパートとユニクロの間でも起こった。雑誌や新聞でも同じ現象が起こっている。ではどうすればよいのか。

高級品の開発もせず、同じことを続けていればよいのか。それも一つの行き方で「定番商品」、「ロングセラー商品」はその路線で、大成長はせずともコストを削減し、小さな改良を重ねて継続している。老舗、家族的経営にはこの路線が多く、フランスやイタリアなどの中小企業にもこの方式は多い。

別の行き方は、子会社を興して新しい需要に応える商品を開発する。しかし新しい需要はどこにあるかわからないから何度も失敗する。失敗しても致命傷にならないサイズの投資を数多くする。そのうちにヒットする商品をつくりだせるかもしれない。

三番目は、アメリカなどでよくあるが、新しい鉱脈を掘り当てた小さな企業を丸ごと買収し、傘下に入れてしまう。簡単そうだが、これは山のように存在する玉石混交の企業の中から玉を選び出さなければならない。そのための目利きが必要である。

日本はこの三つのうちどの路線を選ぶのか。本当はもう一つ、アイフォンなどアップル社の製品などに見られるように、日本の部品メーカーが供給する世界最高水準の電子部品を組み合わせ、活用して新しいシステムをつくるという行き方もある。しかし今まで日本はこのような方法で成功したことがない。だから先の三つのうちから選ばなければならない。日本は生きのびることができるだろうか。

男性不況

アメリカで男性の失業率が女性より高くなり、不況が男性を直撃している現象を表す「マンセッション」*という言葉があるが、日本でも二〇一二年の男性の失業率は平均四・六％で女性の四・〇％を上回っていた。

従来から男性就業者が多い建設業や製造業が不況に苦しみ、就業者が減少しているなかで、伝統的に女性の就業者が多い医療、福祉サービスなどの分野では、着実に女性の雇用が増えている。男性不況は日本でも深刻であり、多くの若年男性が非正規雇用にしか就けないという厳しい現実に直面している。

少子化の最大の原因は非婚率の上昇だが、なかでも男性の生涯未婚率の上昇が著しい。

その理由は男性が妻子を養えるだけの安定的な収入のある職に就けないことにある。だから少子化対策としても、若い男性に安定した正社員の職を提供することが必要だという意見もある。

それはもちろん一つの対策だが、なかなか実行は難しい。製造業で正社員として働く中高年労働者を早く引退させ、若年男性を正社員として雇うよう強制することは不可能であり、個々の企業は生き残りのために、若年の非正社員を増やすだけだろう。公共事業は建設土木業で働く人を増やす効果はあるかもしれないが、これも一時的な就業機会を増やすだけで終わってしまう可能性が高い。

採用や昇進に女性より男性を優遇しようという動きも根強いが、有能な女性を排除してそこその男性を優遇すれば企業は緩やかに衰退していく。性別を問わず適材適所に人材が登用され、個人の能力が発揮できる企業は成長し、人材が集まってくる。

ではどうすればよいか。とりわけ、これから人生に踏み出す若い男性はどうすべきか。

まずはっきりしているのは、男性が一家を経済的に支え、女性はもっぱら育児、介護、家事を担うという過去のモデルから決別することである。

男性は専業主婦に至れり尽くせり世話をしてもらい、仕事一筋に働くのを前提としたモデルにしがみついていては、これからの時代を生き抜けない。夫婦二人で働き、互いに失業するリスクをヘッジできる新しい人生モデルが必要である。

それにはしっかり働いて経済的負担を分かち合ってくれる女性をパートナーとして選び、またそうした女性から選ばれることである。女性を外見だけで判断せず、能力、意欲、健康、責任感などパートナーとしてふさわしい人を見分ける目利きとなることである。そして自分もそうした女性の眼鏡にかなうよう自立し（マザコンを脱し）、抵抗なく家事、育児も分担する。

次は、安定した地位を定年まで保障してくれそうな大企業ばかり目指すのではなく、成長する可能性のある中小企業へあえて飛び込むことである。自分で起業してもいい。もちろん倒産するリスクもあるから、転職しても使えるスキルや専門性を磨いておく。アジア、アフリカなど能力を発揮できる機会の多い海外で働くのもお勧めである。

また従来女性向きとされていた医療、介護、保育・教育、対人サービスなどの成長分野に積極的に進むのも賢い選択である。少数派であるデメリットより、希少価値として優遇される可能性が高い。しっかりと資格をとり、専門職として働けば、そうした女性とパートナーを組める可能性も高い。

しかし専業主夫を目指すのはお勧めしない。専業主夫を扶養するだの経済力のある女性が少ないだけでなく、専業主婦と同じく主夫がフラストレーションをもちやすく、そうした家庭はリスクに弱いからである。

ソーシャル・ビジネスへの期待

イギリスに*CANという社会起業家の組織がある。活動の一環として、障害者、失業者、ホームレス、ニートなど社会から排除されがちな人の社会復帰支援をしている。

このように、社会的に意味のある活動だが、従来、収益を生まない活動は行政の仕事と考えられてきた。しかし行政はどうしても対象者を公平、平等に取り扱わねばならないという制約から自由になれない。どの国でも行政サービスは、価格は安いが手続きが煩瑣《はんさ》で時間がかかり、サービスは画一的で個別のニーズに対応しない、という批判につきまとわれている。

一方企業は顧客のニーズに敏感で、迅速に対応してくれるが、収益を上げることを第一の目的とするので価格が高い。そこに活動自体が社会的に意味をもつ企業、すなわちソーシャル・ビジネス*（社会的企業）の存在意義がある。

CANの行う事業としては、スラムに喫茶店を開業してその地域の人に雇用機会を与えるとともに、人々が集い、交流する場を提供する。仕事につけない青少年に情報機器の取扱いのスキルを習得する講座を開く。刑期を終えた元受刑者に、社会復帰するための生活経験を与える。知的障害者に古着リサイクルの事業を委託する。そしてここで働く人にきちんと給料を払い（高給ではないが）、持続的に事業を継続する。

日本にもこうしたソーシャル・ビジネスが少しずつ生まれている。

八ヶ岳のふもとで有機農業を行っている企業、北海道でチーズづくりをしている会社、山形県でプラスチックのリサイクルに取り組んでいる会社、愛媛県でオオバの生産をしている会社、いずれもなかなか就業できない障害者を雇用して事業を行っている【註5】。

いくらソーシャル・ビジネスとはいえ、収益がなければ存続できない。収益を生むためには善意だけでなく、高い技術をもって効率性を上げなければならない。そうでないと厳しい競争に負けてしまう。この点がなかなか厳しく、指導者の熱意だけでなく経営能力が不可欠である。

人口減に悩み、耕作放棄地がどんどん増える中山間地は、失業者、ホームレス、ニート、元受刑者などの、社会復帰を望む人を受け入れて、自然の保全と福祉の増進に結び付けられないだろうか。あるいは、高齢者介護施設で働いてもらってはどうだろうか。人手のかかる古着リサイクル、有機農業などは、知的障害をもつ人たちの根気強さが生かせるのではなかろうか。福祉は厚労省、元受刑者の更正は法務省、農業は農水省などと縄張りにこだわらず、協力していくべきことは多い。

福祉というのは困っている人に金銭を差し出すことではない。ともに社会を支える側に回れるよう工夫することである。能力に応じて仕事ができる、そのためのスキル訓練、働く場づくり、これこそ本当の福祉ではなかろうか。

所得の再配分から、仕事の再配分へ、高齢者も障害者もそれぞれの能力を発揮できる仕事を生むことこそ、二一世紀の福祉であり、ソーシャル・ビジネスに期待する活動である。

3　産業再編などによって増加する失業者の社会的排斥を防止する「社会モデル」政策の一環として始まった。

4　Clayton M. Christensen, 1952-. 著書に『イノベーションのジレンマ』(一九九七年)。

5　労働市場において不利な立場にある人々が、健常者と対等の立場でともに働ける組織体を「ソーシャルファーム（社会的企業)」と呼ぶ。

四章　やっぱり教育が大事

事なかれ主義

二〇一一年に大津市の中学校で起こったいじめ自殺事件【註6】は、学校と教育委員会の隠蔽体質を露わにし、いじめ防止対策推進法のきっかけとなった。

私は、事がここまで紛糾した原因は、教育委員会や学校当局の「事なかれ主義」だと思っている。げんに子どもがいじめられているのに、なぜそれをやめさせることができなかったか。教師たちは薄々気づいていたのに、なぜ行動を起こさなかったか。加害者の少年たちをなぜ制止することができなかったか。

最近私の周りで、学生を狙った悪徳商法が問題になったので、私はすぐにその業者の名前を発表し、学生に注意を促したらどうかと主張した。ところが担当者は「違法とは言いきれない、営業活動を邪魔したと抗議されるかもしれない」と及び腰である。おそらく、大津市の中学でも加害者少年の親たちの抗議を恐れて、事をあらだてず穏便にすまそうとしたにちがいない。

話は飛躍するが、雇用機会均等法では違反企業、悪質な差別企業は名前を公表されることになっているが、施行から二六年間、一社も名前を公表されていない。企業が差別をしていないはずはないので、公表すると抗議されるのを恐れているからではないか。

大津市に話を戻すと、学校当局はそうしたいじめ事件が公になり世間を騒がせるのはまずいので、加害者の責任を明らかにしないでおこうと、姑息なことを考えたにちがいない。

全国どこの学校にも、いじめっ子もいれば暴力もあるのが残念ながら現実である。それなのに「我校はみんな仲良くやっています」、「問題はありません」とトラブルを隠そうとする。もちろん弱い者をいじめるのは恥ずべきことという指導が徹底していないのは問題だが、何か問題があったらそれを隠すより、深刻化（自殺まで）しないように情報を公開し、予防するほうが重要であるという常識が、教育界には通用しない。

学校は、問題があっても表沙汰にしないで解決しようとするから、教育関係者以外を学校に入れるのを嫌がる。学校内部の動きに家族や地域の眼が行き届けば、生徒間のトラブルもここまで深刻化しない。

予防策としてぜひ提案したいのは、子どもたちを教室の中だけに閉じ込めず、いろいろな活動の場や機会をもたせることである。たとえば校外スポーツ、地域の伝統芸能、ボーイ／ガールスカウトなど、別の場で教師以外の大人と触れ合い、友人や役割があれば、学校とは違った見識ができる。子どもを学校、学級の中に閉じ込めてはいけない。

また「みんなと仲良く」、「友達をつくろう」と強要せず、「友達がいれば楽しいけれど、一人を楽しめる人間になるのもいい」と、もう少し緩やかな価値観を、子どもも教師ももつことである。そのためには教師にも多様な社会経験を積んだ人を採用し、教育現場を多様化する必要があるのではなかろうか。

問題があっても公表せず、仲間内だけで事を穏便にすませようとするのは、原子力村と同じである。事をあらだてず、責任を明確にせず、内輪の馴れ合いですまそうとするから、問題が起こる。外の眼の導入がこうした事なかれ主義の蔓延を防ぐにちがいない。

ひきこもりの国

思春期以降学校へも行かず、仕事もせず、家から出ることもできず、友人もない「ひきこもり」[*]の若者が増えている。この現象は日本独特で、他の国には見られないらしい。多くの国では、大人になった子をいつまでも養ってくれる経済力のある親はいないので、大人になれば子どもは親の家を出ていく。一人で暮らせば食事の用意や家の維持など引きこもっていられないし、仕事をしなければ収入が得られない。「ひきこもり」は日本全体で約百万人いると予測されているが、おそらく日本でも昔はほとんど見られなかったはずで、現在の「豊かな」日本だけの社会現象だろう。

「ひきこもり」の約九割が男性であるという。子どもたちが描いた絵からその病理現象を分析する心理カウンセラーの和田好子さんによれば、一九七〇年代までは、日本の家庭も親も前途に希望をもち、子どもたちは無邪気で明るい絵を描いていた。

八〇年代以降、女性解放運動の波が子どもの世界にもおよび、元気な女の子、神経質な男の子が目立つようになった。母親の過保護、男の子の母親依存傾向が出てくる。早期教育を売りものにする幼稚園があらわれ、漢字や英語、音楽、水泳など習い事で子どもたちは忙しくなる。

九〇年以降はその傾向がさらに強まり、親は「価値のある子」、「才能に恵まれた子」を望み、早くから勉強をさせるか、何か特技をもたせようとする。そのプレッシャーは女の子より男の子に強く、弱い子はひきこもりになる。

「ひきこもり」には、こうした社会的な影響だけでなく、もちろん本人の性格によるところも大きい。競争における緊張、失敗や挫折に過剰反応する子は社会に適応しにくくなる。また家族との会話の少ない子も、社会で他人とうまくコミュニケーションがとれず、言葉の要らない空間に引きこもろうとする。家族ならば、言葉に出さなくても「察して」くれるし「そっとしておいて」くれる。他人にいちいち説明し、事態のすり合わをせし、やり取りするのは疲れてしまうので、できるだけ避ける。

このように見ていくと、これは「ひきこもり」の青年たちだけの特徴ではない。多かれ少なかれ、現在の日本人はこうした傾向にあるのではなかろうか。空気を読み、みんなと同じ考えや行動するのを強制するから、変わったことをしたり考えたりする人は排除される。

それを恐れ、周囲の反応を気にして意識が内向きになる。みんな同じであるべきだから差異を嫌う。外からの要求に対しては、自分の考えを理解してもらうための説得や努力をせず、仕方がないと屈して、被害者意識に浸るか、見境なく反発してしまう。みんなの言い分を聞くことが求められ、長期的な戦略のもとに取捨選択していくことは忌避される。「一人一人の思いを大事に」することが求められ、「昔は良かった」と懐かしむ。日本全体が内向き、下向き、後ろ向きの「ひきこもり」の国になってしまっているのではないだろうか。「日本には将来がない、夢がない、十分豊かでこれ以上の発展はない」と言う人もいるが、それは内だけ見ているからである。一歩外の世界に目を向けると、貧困を克服するため必死で努力している国、すさまじい格差社会のなかで人間としての尊厳を保つために苦闘する人のいる国、教育・水・医療などのインフラさえ充分でない国など、さまざまな困難と人々は闘っている。

それを他人事として看過し、関わり合いを避け、自分が苦しまず、傷つかず、穏やかに暮らしていくことだけを願うのは、日本全体が「ひきこもり」状態にあるといえる。

教育に何が足りないか

日本の山間部には廃校が多い。先日もかつての小学校を宿泊研修施設に転用しているところに泊まったが、地方へ行くと日本の少子化、高齢化がまざまざと実感される。減少している子どもたちに手厚い授業が行われ、生徒は全学年で一〇〇人以下、先生が一〇人前後という小学校が普通であるが、体育館、給食室、和室など行き届いた施設が整備されている。

　都心でも急速に子どもの数が減っている。中高一貫教育の私立校に進む生徒も多い。その分、教員一人当たりの生徒数は減り、負担も軽減されているはずだが、公立の中学校、高校の学力低下は著しい。先日も、ある学習塾で働いている学生から、子どもたちが「学校より塾が楽しい。学校は遊んだり、休息するところで、塾が勉強するところ」と言っていると聞き、考えさせられた。

　教員は保護者からのクレームや教育委員会への対応に追われているのが実情である。発達障害などを抱えた生徒にも慎重な対応が求められる。その分、生徒全体への学習指導に割く時間や手間が不足しがちで、こういうことになるのではないか。

　日本の教育の惨状を見るたび、どうしたらいいのか、原因・対策を考えねばならないと思うのだが、他国と比較すると危機感はますます深まるばかりである。韓国、中国（沿岸部・都市部）、台湾、シンガポールなど近隣諸国では、「教育こそ将来への投資」として力を入れている。日本の小学生の一日当たりの学習時間が二二五分、中国は二八〇分である。経済成長は著しく、学力テストの結果も日本を上回っている。大学への進学率も急速に伸びており、アメリカなどへの留学者も日本を大きく上回る。

日本の教育は、従来は大学入試という関門があって、それに備えるために一応の学力が要求されたが、今や少子化のなかで定員割れする大学が続出し、推薦、ＡＯ入試などで入学する学生が増え、文科省が、学力試験以外での選考を、入学者の半分以下に留めるよう勧告しているほどである。私立大学では入試は三科目なので、理科系の学生は日本史、世界史・公民を受験しないし、文科系の学生は物理も化学も数学も必要ないので、高校時代から勉強しない。

学校は、子どもに学力をつけ、立派な社会人として育てる機関という役割を果たさなくなっている。教員たちがその目標を共有していないと、いくら教員の数を増やし、施設を整えても無駄である。

いまどきの大学生は、教養がない、基礎学力が足りない、コミュニケーション能力がない、礼儀をわきまえていないと批判されるが、その多くは大学に入学する以前の小学校、中学校で身につけるべきものである。

基礎的能力を高校までの教育段階で身につけたうえで大学に求めるべきは、専門的知識、スキル、そして社会や人生を考える識見である。

もちろん大学も、将来社会に貢献するための知識とスキルを養い、同時に人間としての器を大きくし、胆力、決断力、責任感、忍耐力などをもったリーダーを育てるのだという明確な目標をもつべきである。

教師の世襲

二、三〇年前から教師は世襲が多くなった。両親とも教師、息子も娘も教師という家庭が地方ではかなり多い。親の職業を子どもが継ぐというのは、その職業がいかに魅力的かを示している。医者、政治家、外交官、経営者、寺の住職などは、親が子どもに自分の職業を継がせたがる。

子どもは親の働き方、生活を見てその職業についての「土地勘」を得るから、外部から参入する人よりも基本的な素養をもっていることが多い。その意味で適性があるといえるが、余りにも同じ環境で育った人ばかりが教育に携わるのは不自然である。ましてや二〇〇八年に問題が明らかになった大分県の教育汚職のように、子どもを教師にするために親が賄賂を使った事件など言語道断である。卑しくも教育者ならば率先して社会のルールを守ることを子どもたちに示す責務がある。その人たちが就職の入口で、わが子だけを優遇してもらおうと手段を選ばないとは、情けないことである。

　この背景を検討すると、先ず地方では教職が極めて魅力的な職業であることがあげられる。教員は*人材確保法によって一般公務員より高い給料が保障され全国ほぼ同一水準なので、相対的に地方では「高給」な職業となる。また定期昇給制度と終身雇用で身分は安定している。民間企業では、正社員は長い労働時間に、非正社員は不安定さと低賃金に苦しんでいる現状を考えれば、労働条件は恵まれている。雑務が多い、研究が大変だという声も聞くが、三年間の育児休業、定年後の年金なども含めて考えれば、恵まれた職業である。

その結果、教師になりたい人は多いが子どもの数が減っているので、地方では教員採用試験は二〇倍を上回る狭き門となる。大分県に限らず、新卒ですぐ正教員になるのは困難で、強力なコネがなければ、臨時の講師を何年か続けて採用を待つ。賄賂のような金品は動いていないにしろ、何らかのかたちで情実が横行しているようだ。

さらに、教育界の閉鎖性もあげられる。最近は民間人校長も生まれているがそれはほんの少数で、全国七〇万人の教師のほとんどは、大学を卒業してすぐに教育界に入り、他の世界を知らない人が多い。お互いが顔見知りの狭い社会なので、内輪の人事が行われがちとなる。

このような状況で、今後どうすれば不正を防げるだろう。まずは採用基準を明確にし、コネや情実によって採用が左右されないようにすることである。最近は教師には知識よりも人間性が大事ということで、試験成績よりも面接が重視される傾向にあるが、その基準を明確にしないと不正の温床になる。

第二に、もっと外部の目を採用試験に採り入れることである。大分県でも少数の担当者に権限が集中していたので不正が起こりやすかった。知事部局【註7】との交流、民間からの外部委員など多様な目を採用試験に入れることで、不正を防ぐことができるのではなかろうか。

第三に、現在は一度採用されれば、よほどのことがない限り定年まで職が保障されているが、これを見直して、教員免許の更新に合わせて再契約する制度を採り入れてはどうだろうか。基本的には新卒採用は一〇年任期つきとする。一〇年もすれば教師に向いているか向いていないかもわかる。また教員採用の年齢制限をなくし、三〇歳でも四〇歳でも他分野から教育の世界に入ってこられるようにする。

このような工夫を積み重ねることによって、教育界の風通しはよくなり、採用や昇進をめぐる不正は少なくなるのではなかろうか。

「戦争を知らない子どもたち」ではいられない

「戦争を知らない子どもたち」という歌【註8】が発表されたのは、ベトナム戦争まっただ中の一九七〇年のことで、日本でも文化人や若者のあいだで反戦平和運動が盛り上がりを見せていた時期である。当時の若者は、一九四五年の終戦後に誕生している。一方、今の一〇代、二〇代の若者は、共産主義と資本主義諸国の対立以降の時代に育った、いわば「冷戦を知らない世代」である。

先日も「アメリカはベトナムと戦ったことがあるのですね」と大学生に言われて驚いたが、たしかに彼らにとってベトナム戦争は自分が生まれるはるか前の歴史的事件で、私たちが普仏戦争やスペイン内戦を歴史的事実として知っているのと同じようなイメージなのかもしれない。

それは仕方がないことだが、「日本は中国に軍隊を出して戦ったにしても、それははるか昔の二世代前のことで、何で私たちが責められなければならないのか」と言われると、おやおやとあきれるだけではすまされない。二世代前であっても、相手は日本の侵略によって自分たちの祖父母や身内を殺されたという記憶を、しっかり胸に刻み込んでいることを忘れてはならない。

しかし現実に若い人たちと話していると、「戦争だからたくさんの人が死んだかもしれないが、引き揚げのときにもたくさんの犠牲者が出たようにお互いさまでしょう」とか「中国はいつまでも昔のことをもち出して日本を責めるいやな国だ」という意見をよく聞く。大多数の若い人は歴史に無関心だが、歴史に関心をもっている人は、いわゆる愛国心が強いという傾向があるからこのような意見が出てくるのかもしれないが、気になる現象である。

たしかに私の叔父も、大学を卒業後まもなく出征先の中国で戦死したが、彼は戦争の犠牲者であって、加害者ではない（と思いたい）。少なくとも戦争を引き起こした当時の責任者が最も罪が重く、仕方なしに「戦争にとられた」人たちとは責任の重さが違う。その責任者が祀られている靖国神社に、総理大臣が参拝することは問題が多い。そして若い世代は戦争がなぜ起こり、拡大し、やめられなかったかというプロセスをもっと知るべきだと思う。

また「平和がいい」、「戦争は嫌いだ」などと漠然と言うのではなく、戦争で三二〇万の人が犠牲になり、国富が失われ、環境が破壊されたかを、東日本大震災（約二万六千人）や阪神・淡路大震災（約五千人）、地下鉄サリン事件、日航機墜落事故など、具体的な災害や事件、事故と比べて、しっかり認識しておく必要がある。

そして日本がこの六〇年余り戦争をしなかったこと、核武装しなかったことが、この国の繁栄をもたらしただけでなく、国際社会で尊敬され、好意をもたれてきたという現実的な利益につながったことを認識しなければならない。

このように考えると、自分の国の近現代の歴史を学ぶことは、他の国からいわれなくても率先して自分たちから取り組まなければならない課題である。そして私たち日本人が知るべきこと、考えることを若い世代に伝えていくことは極めて重要である。右だ、左だとレッテルを貼られるのがいやで、私も議論を避けがちだったが、もっとみんなが多様な立場から考え発言しなければならないのではなかろうか。

教育長の公募

震災より一〇年前のことだが、福島県の三春町が教育長を公募したところ、五〇三人の応募があったという【註9】。性別・年齢・経験不問で、町に住んでいない人も応募できる。町外からの反響の大きさに町当局も驚いたらしい。

私自身も長年公務員として働いてきたが、日本の公務員の質は世界に比べても極めて高いと自負している。もちろん、ときに公務員の汚職や腐敗が問題になるが、圧倒的多数はまじめに仕事をしている。ほかの国の公務員に比べ、政治家や縁故にも左右されない。

その大きな理由は、公務員が終身雇用で身分が保障されているからだといわれる。アメリカやオーストラリアでは事務員や技術者は別として、管理職以上は政権が変わると顔ぶれが変わる。日本との大きな違いである。

しかし良い面は必ず悪い面も合わせもっている。終身雇用を保障された日本の公務員も外部からの圧力に屈しないかわりに、外部の動向に疎くなり、内向きの考え方をしがちという欠点をもっている。

たとえば先輩の業績を重んじなかなか過去を否定できない。過去の経験や知識が蓄積され、次の世代に伝達されるが、新しい改革は不得手である。

また組織のなかでは、希望するポストにつくのはなかなか難しい。「はからずもこのたび○○に任命されました……その任に耐えられるか不安ではありますが全力を尽くす所存です」が、人事異動の挨拶では決まり文句である。

人事はひとごと、自分の好悪《こうお》をいわず将棋の駒として与えられるポストで黙々とベストを尽くします……と言わねば、公務員として失格である。こういう仕事をしたいと公言するとかえってそのポストにつけない。

しかし人間誰でも得意と不得意、向きと不向きがある。あるポストでは素晴らしい能力を発揮する人も、別のポストでは何もできないで終わることがしばしばある。それだけに上の責任者は適材適所を見分けるのが重要であるが、それはなかなか難しい。

それだけに意欲と適性を必要とするポストは公募するといい。もちろん内部公募でもいいが広く人材を求める際は、一般公募の方がよいだろう。任期を三～四年にしてその期間内に全力投球してもらえば、行政にとっても得るところは大きいはずである。

大学の教員、研究者の公募は広く行われ始めた。公募教員のポストには、質的にも数的にも予想以上の人材が応募してくるが、それを学校長などにも広げてほしい。自薦というのは日本人の美意識にそぐわないが、若い世代を中心に応募に対する抵抗は薄れている。かつて副知事をしていた時に、埼玉県でも女性政策検討委員会に公募委員に入ってもらってから議論が活性化した。

公立の中学高校の民間人校長もいるが、その数はあまりにも少ない。せめて一割は外の人を入れるとかなり教育界の風通しはよくなるだろうと思う。

サハ共和国の教育熱

サハ共和国はロシアの北東部、シベリアに位置するロシア連邦の一国である。連邦全体の五分の一を占める国土は、三一〇万平方キロと日本の八倍だが、人口は百万人ほどである。国土の大部分は永久凍土に覆われ、マンモスが冷凍状態で出土することもある。夏季は最高気温が四〇度まで上がるが、冬はマイナス四、五〇度まで下がる。

首都のヤクーツクは、人口二万人、近代的な建築物が多いが、冬は凍土が盛り上がるので六、七階以上のビルは少ない。歩道や並木が整備された道路の表面が凸凹なのも、長い冬季に土中の水分が凍るためだ。日本からの距離は近いが、飛行機の直行便は少なく、ソウルやウラジオストック、ハバロフスクで乗り換えて行かねばならない。

しかし、自然資源には恵まれ、世界のダイヤモンドの一〇%以上を採掘し、金やプラチナのほか、石炭、石油、天然ガスも豊富である。一七世紀にロシア人が入植するまで、この地の主要な民族であったサハ（ロシア語でヤクート）の人々は、顔つきや体つきが日本人そっくりで、言語もウラルアルタイ語の影響をうけ、日本語と似た構造をもつという。天の神をまつるシャーマニズムも残っている。人々は素朴で家族の結びつきは強い。ソ連崩壊後に共和国となった政府は、サハ語の伝承や、口琴という楽器の演奏、民族衣装、道具、芸能を残そうと努めており、教育に力を入れている。

たとえば、高等音楽院は七歳から一七歳までの才能のある子どもを集め、最高の指導者のもとでしっかり鍛える。親元から離れ七～八人が一軒の家に住み、学業もしながら音楽にいそしむ。高校まで学んだ後、モスクワや欧米の音楽専門大学に進学する。こうした費用はすべて国の負担である。一般国民の医療費も無料、保育料も授業料も無料。旧ソ連時代の福祉を続けることができるのは、豊富な資源に支えられた財政の豊かさが背景にあるからだろう。

こうした国に日本はどんな貢献ができるのだろうか。ソ連崩壊後の混乱期のように食料や医薬品などの支援は必要ない。中央銀行の頭取は日本企業の進出、経済協力を望んでいるが、たんなる投資ではなく環境保全型の資源開発など日本の高い技術を生かした、現地の人々にも地球環境にも資する協力が必要だろう。

そしてもっとも期待されているのは、保育園から大学までの教育コンテンツの提供や、留学生の受け入れといった、学術・文化交流を通じた協力である。

資源に恵まれた極東開発の重要性はロシア政府も認識しているが、サハの人たちはロシアとの友好関係は保ちながらも独自性を発揮したいと願っている。ソ連や帝国ロシアに抑圧された記憶も残っている。

これからの可能性を秘めたサハのような国と、日本が信頼関係をいかに築くかを、真剣に考えていかなければならないと改めて痛感した。

食の循環、命の循環

先日、講演のために訪れた新潟新発田《しばた》市で、とてもいい話を聞いた。

同市は、食の循環を市全体の目標として掲げ、①土づくり、②栽培・収穫、③加工、

④販売・購入、⑤調理、⑥食事、⑦残渣《ざんさ》処理に取り組んでいるそうである。有機資源センターでよい土をつくり、手間暇かけて栽培した作物を丁寧に調理して、地産地消の料理をおいしく感謝して食べる。調理の過程で出た皮などの残滓《ざんし》は有機資源としてまた活用される。

私はかねがね子どもの「食育」というと「好き嫌いなく食べよう」、「栄養のバランスを考えて食べよう」と、食べることだけが強調される風潮に疑問をもっていたので大いに共鳴した。私も、食材を買うところから、調理し、テーブルセッティングをし、それから食べて、後始末をするところまでの能力を身につけるのが食育ではないかと思っていたからだ。

新発田市の場合は、農業生産地だけあって、さらに土づくり、栽培から始まり、残渣を土にかえすところまで行う。

とくに感心したのは、子どもたちはすべて、女の子も男の子も、小学校に入るまでにご飯を炊き、小学校を卒業するまでに自分のお弁当をつくり、中学校を卒業するまでに郷土料理も入った家族の夕食をつくることができるよう、調理の能力を身につける教育が行われていることである。

日本の多くの男の子は、弁当も夕食も人が用意してくれるものと思い込んでいるので、こうした能力を身につけた新発田の子は、将来女の子にもてることは疑いない。もてるかどうかは別にしても、まず生きる力が身につくので、これからの実生活で大いに役に立つ。コメの消費の落ち込みを嘆くまえに、炊飯の習慣をつけるとよい。

また、たんに食べていく力がつくだけではない。すべての生物は土から生まれ土にかえる。土から生まれた植物で命を養い、命を伝え、そのうえで死んで土にかえっていく。それは人間とて例外ではない、という死生観を身につけることにもなる。

命というのは自分だけのものではない。何代も前の先祖がすべて、飢饉や災害に耐え、戦乱の世を生き抜き、子どもを残してくれたからこそ自分がある。自分が生きていくうえでも、多くの種類の植物や動物の命をいただいて生きているのだ。

そうした循環のなかで生きている自分が見えれば、たまたま恵まれた自分の命を大事にしなければということがわかる。思うようにならないから自殺するなどという選択は自分勝手、自分中心な考え方に見えてくる。

都会の子どもたちに食の循環を実体験させるのは難しいだろう。またすべての子どもが生命の尊厳を理解するのも難しいことはわかる。新発田市でも、なかには料理や農作業をさせられることの意味がわからず、反発する子どもがいるかもしれない。

しかし教育というのはそれでよいのではなかろうか。日本全国すべての子どもが同じように教えられるのでなく、地域ごとに、市町村ごとにいろいろなポリシーをもって子どもを教育する。そのなかから多様な人材が育つ。

多様な人材がつくる明日の社会に、少し期待がもてるように思った。

6　二〇一一年一〇月、大津市立中学校で、当時二年生の男子生徒が複数の同級生から暴行や虐待を受けたり、自殺の練習をさせられるなど、凄惨ないじめにあい自殺した事件。本人からの相談やいじめの報告を受けながら、学校側は適切な対応を怠っていた。自殺後も学校と教育委員会の隠蔽が発覚し、大きく報道された。

7　行政目的を実現するための執行機関。

8　杉下二郎と森下次郎のデュオ「ジローズ」のヒット曲で、累計三〇万枚を記録した。作詞は北山修、作曲は杉田二郎。

9　二〇〇〇年の地方分権一括法の施行を契機に、同年半ばから四年間で、三春町を皮切りに全国一五市町村で教育長公募制が実施され、一四名の公募教育長が誕生した(国立市は議会が不同意)。

Part III
新・幸福論

五章　少子高齢化をチャンスに！

イメージ・チェンジ

幼稚園ならかわいい花や動物をあしらったデザイン、病院なら清潔な白い壁、大学には時計塔というように、施設ごとに「それらしい」イメージがあり、それをもとに設計されることが多い。たとえば有料老人ホームは、病院に近い清潔感を旨とする白っぽい基調色、あるいは高齢者向きの和風の庭やインテリアをとり入れた施設というイメージが確立している。

しかし、私の古い友人のＫ氏が設計した横浜市の特別養護老人ホームは、そうした既成概念を打ち破る斬新なものである。黄やオレンジなどの鮮やかな色を基調に、ユニークでモダンな家具やインテリアを採り入れた、従来の老人ホームの穏やかなイメージとはかなり異なった刺激的な面白い空間になっている。「元気の出る」施設を目指したということである。

Ｋ氏は、老人ホームはかくあるべしという既成のイメージにとらわれていてはいけない、生活環境が人の心に与える影響はかなり大きいものがあると言う。高齢者は無個性のおとなしい空間を好むと決めつけ、そうした施設ばかりをつくっているから、そうした好みの高齢者ばかりになってしまう。もっと生き生きした高齢期を過ごすために、刺激的な個性のある環境を提供する必要があるのではないかと。

もちろん、個性を打ち出さないほうが無難で、数的には多くの高齢者に受け入れられるかもしれない。しかし今後の高齢者、たとえば今六〇代半ばの団塊の世代は、自分の好みをもち、それに合ったホームに入居したいと願っている。多様な彼らの好みを反映して、もっと多くの選択肢を提供するべきだということである。

これから増える高齢者のうち、すべての人には受け入れられなくても、何パーセントかの人が支持してくれればよいと覚悟を決めれば、自分の主張を打ち出すことができ、それが選択肢の多様化につながる。

これは老人ホームに限ったことではないかもしれない。いくら数が増えても、みんな最大公約数的な、一般に受け入れられやすいスタイルの施設ばかりだと、実質的な選択肢はないに等しい。平均値ばかりを追いかけ、多数派に選ばれることばかりを狙うのでなく、個性を打ち出し、それに共感する人を顧客としていけばよい。

たとえば視聴率ばかり狙う結果、どのテレビ局もバラエティ、お笑い番組ばかり、新聞は自分の立場を旗幟鮮明にせず中立を装うので、どの社説も似たり寄ったりになってしまう。

政治家も政党も、世論におもねり、多数派を志向するので、同じような政治家、政党を生み、結果的に誰からも支持されなくなった。そのなかで極端な意見を打ち出す市長や政党に支持が集まった時期もあったが、一時的なブームやポピュリズムに走るのではなく、私たち自身が既成の概念、多数派志向を打破していかなければならないと思う。

ユニバーサル・デザインの思想

静岡県浜松市は、ユニバーサル・デザイン*を街づくりの大きな柱としており、条例や基本計画を策定して熱心に取り組んでいる。そこで開かれた国際シンポジウムで基調講演をさせていただく機会があり、改めてこの考え方の広がりを実感した。

ユニバーサル・デザインは、建築家、都市計画、プロダクトデザインなどの分野では常識となりつつある。とかく障害をもつ人のためのデザインという印象があるが、本来は、能力、年齢、国籍、性別などの違いを超え、すべての人が暮らしやすいように街づくり、モノづくり、環境づくりをしていこうという考え方である。

たとえば、ユニバーサル・デザインのひとつ「バリアフリー」を、車いすの人や障害をもつ人のために段差をなくしたり、エレベータやエスカレータを造ることと捉えがちである。しかし、健康で体力がある成人男性だけが社会の構成員ではなく、高齢者も、妊娠・子育て中の女性も、外国人も、もちろん障害者もそれぞれ社会の一員であり、それぞれのニーズに配慮すべきだという考え方は、男女共同参画と基本的には同じ考え方であり、ダイバーシティ（多様性）に通じると実感した。

人間はとかく自分を基準にして物事を判断し受け止めがちである。男性は女性の困難や障害を自分とは関係ない、わからないと考え、差別告発は過剰反応だとうんざりする。健常者には障害をもつ人の不便さがわからない。あるいは日本語がわからない人が、日本で暮らしたり、滞在するさいの不便さに気がつかない傾向がある。

しかし自分がけがをして歩行が困難になったり、外国に行って言葉が通じないと、初めてその不便さや困難に気づく。そうした経験をしなくても、その立場だったらと想像することが大事なのである。いろいろな立場の人が日本社会で働き、暮らすことを受け入れるのも、ダイバーシティである。

差別は、受けた本人は深く傷つくが、差別している側にはっきりした自覚がない場合が多い。その無関心が女性差別や外国人差別にもつながり、さまざまなセクハラやパワハラを引き起こす。元気な高齢者もどんどん増えているのにいまだに古い年齢観で、六〇歳になったら定年、七五歳で後期高齢者と決めつけがちである。

一方で計器の表示や書類の細かい字など、環境が人を障害者たらしめていることは放置されがちである。デザインを優先して、ことさら文字を小さくした地図やパンフレットなどは、一種の差別と言ってもいいだろう。

情報を伝えるさい、相手が見やすいか、聞こえるかに配慮する。話をする時、説明する時に、「聞こえましたか」、「見えましたか」と一言聞いてみる。車中なら、子ども連れの女性や高齢者に席を譲り、困っている人に一声かける。

自分中心でなく相手の立場や状況に配慮する、これはすべてのコミュニケーションの基礎でもあると同時に、ダイバーシティの基礎でもあり、男女共同参画の基本であり、ユニバーサル・デザインに通じる考え方である。

こうしたいろいろな人への配慮を尊重することが、社会の幸福度(GNH)*を高める第一歩ではなかろうか。

人口減少社会を受け入れる時

日本の人口は二〇〇五年をピークに、減少を始めている。

明治初めの人口は約三千八百万人、終戦直後の人口が約八千万人だったのだから、現在一億二千七百八〇万人【註10】の人口が少し減っても驚くことはない。エネルギーや資源の有限性、食料や水の供給量の制約を考えると、人口が無限大に増大していくことは不可能である。中国の経済成長が地球の環境に深刻な影響を及ぼし始めていることを見ても、世界の人口が増えすぎるのは問題である。

しかし、日本の合計特殊出生率*を見てみると、二〇〇五年に過去最低の一・二六を記録し、その後、一・四一（二〇一二年）に改善されたものの、出生数は過去最少にとどまっている。この人口減少のスピードを加速化させないためには、若い人の結婚や子育てを支援するような環境を整える必要がある。それが実行できたとしても、多産多死から多産少死を経て少産少死へと人口構造が転換し、今後は人口減少が進むことを覚悟しなければならない。

問題は、この一世紀半の経験から、人口が増加し、経済は成長するという前提で、日本の経済も財政も、社会のあらゆる制度が組み立てられていることである。

たとえば、日本の財政は深刻な赤字を積み重ねているが、二〇世紀後半のように、経済が成長し、税収が増える時代ならばそう心配する必要はなかった。借金して道路を建設し、橋を造り、鉄道を敷いても、将来必ず需要が増し、利用客が増えると見込めるからだ。高齢者の年金も、人口増加で若者の数が増し、保険料を支払うので心配することはなかった。

ケインズ【註11】が提唱したように、景気が悪い時は借金してでも公共事業を行い、社会資本を整備する。公共投資は将来への投資で、決して無駄にはならないと信じられていた。

しかし、これから長期にわたって人口が減少していくことになると、こうした前提は通用しなくなる。東京湾アクアラインや関西空港の例を見ると、人口増加時代、経済成長時代のトレンドで予測した需要は高すぎて、実際の利用者はその半分以下にとどまった。そのため借金返済の目途がすっかり狂っている。

需要予測が外れると民間企業には命取りとなるが、国は一〇年計画、五年計画で、道路や空港など、社会資本整備の長期計画に基づいて公共事業を続けている。この結果、地方には車もまばらな高速道路が造られ、一日三便、四便という地方空港に閑古鳥が鳴いている。そして約束した計画を実行し続けるため、借金が雪だるまのように増えている。

ここは思い切って、将来の人口は増えない、減少するのだという現実を見据えて、税金の使い方を大幅に変えなければならない。辛いことだが、現実を見据えて借金をやめ、長期計画を見直さなければ、次世代に大きな借金と、古びて修理費・維持費が捻出できず、有効に使われない施設を残すことになるだろう。

誰が少子化社会を支えるか

日本ではあまり知られていないが、ヨーロッパ連合（ＥＵ）は発足当時から男女平等に熱心に取り組んでいる。

加盟国に対しても、男女同一賃金指令（現在は男女同一価値労働同一賃金）、男女均等待遇指令などを発令している。それには直接差別するだけでなく間接差別も禁止するとか、育児休業の義務づけ、ポジティヴ・アクション*の促進など、積極的に平等を促進する内容がもり込まれている。

アメリカが差別の禁止のみを強調しているのに対し、ヨーロッパは男女が同じ立場に立てるように環境を整えることにも目配りしている。

ＥＵはなぜ、このように熱心に男女平等に取り組んでいるのかを聞いてみたところ、実に明快な答えが返ってきた。

「高齢社会を支える人を増やすには、移民労働者を受け入れるか、それがいやなら女性に働いてもらわねばならないからだ」。女性に不利な条件のまま、働いてくれとは言えない。だから差別を取り除く努力をしているのだという。

これに対して日本では、少子化が予想以上に深刻化しているので、遅ればせながら、ようやく保育対策、育児休業対策に取り組み始めた。結果としてそれが女性の就労継続にも役立っており、とても重要なことである。今まできちんと対策をしてこなかったから、少子化が深刻になったとも言える。

しかし、今になっていくら少子化対策に取り組んでも、少子化をくいとめることができるかどうか、ましてや出生率が上がるかどうかはわからない。もちろん何もしないよりよいし、これ以上の出生率低下をくいとめることができるかもしれない。しかし出生率を、人口が維持できる二・一、あるいは北欧なみの一・八までに上げることはかなり難しい。

今後も子どもが少なく高齢者が多い社会が続くと覚悟し、それを前提として社会の仕組みを再構築しなければならない。少子化対策を行っても高齢化が続くという現実を直視すれば、行うべきことは明らかである。

一つは、年齢差別の禁止、高齢者にも元気なうちはできるだけ長く働いてもらう制度づくりである。定年を六五歳、七〇歳にして、そのかわり年功で賃金を上げるのではなく、同じ仕事は同じ賃金という原則にする。管理職を退いた後また専門職として働くとか、工夫が必要になる。

二つめは、女性に十分働いてもらうことである。出産後一年は休み、産後三年程度は短時間勤務制度*や看護休暇*などで優遇して、基本的には健康な女性は生涯を通じて就業できるようにする（子どもの成長後、二〇年も三〇年も無職という贅沢な生き方ができるのはほんの少数になる）。

そのためには、女性であること、高齢を理由とする差別を許さない社会をつくることが必要である。しかし日本の男性の多くは、女性の社会進出が出生率低下の原因であり、女性は出産・育児に専念すべきだと考えている。少子化に対する認識が甘いと言うか、間違っていると言わざるを得ない。

家族の絆を支える仕組み

ときどき百歳をこえた高齢者の生死が不明というニュースが伝えられるが、改めて日本の親子関係がもろく、弱くなっていることを明らかにした。幼いわが子を虐待する親も増えている。母性愛の欠如だ、親孝行を道徳として教えなかったからだと議論がなされている。もちろんこうした「事件」は当事者である一人ひとりの倫理観、人間性の問題であり責任である。しかしそれだけでなく、家族を取り巻く状況が変化していることが、この現象の背後にある。

社会の状況の変化とは、経済が農業中心から製造業、サービス業に移行するなかで、家族が力を合わせて生産し支えあう基盤を失ったことである。家業を失い、家産を失い、家族の一人ひとりが労働者、サラリーマンとして企業や組織に雇われて働く。そのなかで伝統的な大家族は解体し核家族化が進んだ。

こうした雇用者の核家族は地域とのつながりも失ったが、経済が成長している間は、会社が帰属する共同体としての役割を果たしてきた。ところが経済成長が終わるとともに、企業も共同体として社員の生活を支える機能を失いつつある。増える非正社員は帰属する場がない。

さらに情報化が進むとともに家族の結びつきがより脆弱《ぜいじゃく》なものとなっていく。核家族は夫婦の男女としての愛情がなくなれば維持できなくなる。離婚・非婚が増えるなかで、夫婦の関係は永続するとは限らなくなった。高齢化で親子の関係もまた、もつれやすくなっている。

分担し支えてくれる人がいないなかでの育児・介護の負担は重い。それを担いきる力をもつ家族は減る一方である。核家族がさらに分裂して素粒子家族となりつつある今、育児・介護という、人生の初めと終わりにおいて、家族が最後のよりどころとなる機能を失った。私たちが無意識に信じていた親子の情というのは、社会が道徳として、法律として強制しなければ、失われるもろいものだと認識しなければならない。

日本には、脆弱化した家族の機能を支える、新しい仕組みが必要となっているのではないかと思う。新しい仕組みとは、かつての大家族に代わって、育児や介護を支えるサービスを提供する集団である。そうしたサービスは行政が担ってもよいが、NPO法人、組合、福祉法人などさまざまな中間集団が、仲間や加入者に提供するほうが、行政よりサービスの内容や質が個別的できめこまやかになる。

とくにこれからしばらくは団塊の世代を中心として元気な六〇歳代が増える。この人たちが引退して、趣味や旅行を楽しむだけでなく、こうした高齢者の介護を支え、孤軍奮闘になりがちな母親の育児・教育を支える役割を担う仕組みが必要である。

その費用を税金で負担するのか、有償ボランティアという形で分担するか、地域通貨*のようなシステムを創出するか、ある年齢に達した青年や高齢者に、一定期間福祉サービスへの従事を義務づけるなど、さまざまなかたちがあるだろうから、ぜひ真剣に考えるべきである。

この仕組みをどのように機能させ持続させるか、課題は多い。しかし私たちは素粒子家族時代を支える新しい仕組みを、今こそ考えなければならないのは確かである。

家族経営協定のすすめ

農家は家族で経営されている。田畑の名義は世帯主の父親のもので、妻や息子や嫁は家族従業者として農業を支えている。しかし家族従業者はいくら働いても個人の収入にはならず、世帯の収入となる。働く時間も行うべき仕事もきりがなく、休日もない。企業に雇われて働く場合は雇用契約を結ぶが、農家は家族だからということで、どんな仕事をしてどれだけの報酬を支払うかがあいまいなままだった。こうした農家の生活を嫌ってサラリーマンになる子どもは多く、農家に「嫁の来手」がいなくなって、日本の農業を支える農家が崩壊しようとしている。

これを改めようと各地で家族経営協定*を結ぶ動きがある。とくに農家の女性の地位向上に役に立つとして農水省も推進している。この協定は家族間で話し合い、家族従業者の給料、仕事の内容、農作業の時間、休日などを定めようとするものである。

沖縄のある農家では、夫婦で話し合って、食事の用意と家の掃除は妻、農機具の手入れや、庭と作業小屋の整理は夫と、役割分担をしたという。それだけにとどまらず、農作業をするときはどこの畑でするか互いにメモを残し、電話に出たらその内容を書き留める。外出するときは帰宅時間を明らかにし、寄り合いのときは家で食事をとるか事前に知らせる、などと生活にかかわることも取り決めたそうである。それによって、今まで無口で妻とのコミュニケーションが乏しかった夫ととてもうまくいくようになったと、元気な農家の主婦が喜んで話してくれた。

これを聞いて、アメリカの経営コンサルタントが著した書物（ロジャー・メリル『「夢」が10倍実現する5つの教え』三笠書房、二〇〇八年）に書かれたエピソードを思い出した。

上司から評価されないと悩んでいる部下と、部下がきちんと仕事をしてくれないと悩んでいる上司がいた。そこで上司に相手に何をしてほしいと期待しているかを具体的に書いてもらって部下に示した。それによって、部下がしなければならないと思い込んで一生懸命していることは上司の期待する仕事でなく、部下のほうは雑事だと軽んじていた仕事を上司が重要視していたことを発見して驚き、その結果、部下が劇的に相手の期待に添う働き方に変わった、というエピソードである。

夫と妻もお互い相手に何を期待しているかを、誤って認識していることが多い。夫は出世して給料が上がることを妻が望んでいると思い込んでいたが、妻はそれより、自分の話を一日一五分聞いてほしい、食事をほめてほしいと思っていたという例がある。子どもと遊んでほしい、新しい洋服や髪形に注意を払ってほしい、そっと一人でいる時間を確保したいなど、お互いが何をしてほしいと思っているかをきちんと認識すると、夫と妻の仲はかなりうまくいくようになる。

以心伝心、そんなことはお互いに言わなくてもわかるのが夫婦だと思っている男性はまだまだ多いが、そうした男性にこの農家の家族経営協定は大いに参考になるのではなかろうか。

農家の女性の地位向上のために、嫁不足を解決するために普及が図られている農家の家族経営協定であるが、仕事の分担だけでなく家族のお互いの期待のミスマッチを防ぐ効果もあり、結果として夫婦円満のきっかけになっているわけである。

普通のサラリーマン家庭でもこの家族経営協定を取り入れてみると、お互いの誤解が解けて関係がスムーズになるのではなかろうか。

日本をモデルに

少子高齢化*は大問題と日本国挙げて議論は盛んだが、実は少子高齢化は地球規模で見るならば望ましい現象である。

地球の人口は一八世紀の産業革命のあと一世紀で倍増したが、二〇世紀後半の半世紀には三〇億人から六〇億に増えてしまった。マルクスが予言したとおり、人口は地球規模で見る限り倍々ゲームで増加している。これだけ多くの人口を養うために地球には大きな負担がかかっている。

人口増大は開発途上国で深刻である。

アフリカ諸国では、増える人口を養う食糧生産の耕地を確保するために、森林が伐採されたり焼き払われたりして、水不足が深刻になり砂漠化が進んでいる。品種改良や農業技術の進歩によって食糧は増産されているが、栄養不足の人口は八億人を上回る。非識字人口は九億人を超え、貧しさで教育を受けられない子どもたちが、そのために貧困から抜け出すこともできない悪循環のなかにいる。中東地域では教育は普及したが、学校を卒業しても仕事につけない若者が増え、彼らの絶望感が、テロリストの補給源になっているといわれる。

人口増大の圧力のなかで、食糧だけでなく石油などのエネルギーが不足しはじめ、原材料となる鉱物資源は不足し、地球温暖化や、廃棄物の増大など、環境の問題はますます深刻になっている。地球規模で少子化を進めることは重要であり、日本はその経験者として多くのノウハウを提供することができる。

日本が政府の強制でなく国民の意思で出生率を下げた経験は、人口増に苦しむ国々にとって大きな参考になるはずである。少子化のために努力する国には経済協力を手厚くし、女性の教育、就業の機会の増大などを推し進めれば、お互いハッピーである。

一方、高齢化は先進国の問題である。日本人の寿命は半世紀で約三〇年延び、世界の歴史に例を見ないスピードで高齢化が進んでいる。日本の六五歳以上が総人口に占める割合は、一九五〇年の五%から、一九七四年には一四%となり、二〇一三年には二五%となった(総務省)。

しかしこれは日本だけの現象ではない。移民が多いアメリカは別として、ヨーロッパの先進国は軒並み高齢化が進んでいる。アジアでも韓国は日本以上の少子化のなかで高齢化が進み、中国も急速に少子化が普及したので、高齢化も深刻になると思われる。

どの国も年金の財源確保、医療や高齢者ケアのコスト増大に苦しんでいる。日本の医療保険は、そのなかでは比較的うまく機能しているし、介護保険も導入した。これから元気な六〇代の人々が就業できる社会をつくり、年金支給開始を七〇歳からにできれば、年金の財源問題もかなり解決する。幸い日本の高齢者は健康で働く意欲も強い。六〇歳代でも働く方が心身の健康によい。

日本は課題先進国*として、高齢者を活用することができる社会経済をつくれば、二一世紀、多くの国々は日本をお手本とするようになるだろう。

高齢化は新しいチャンス

韓国でも、日本と同様速いスピードで少子高齢化が進んでおり、日本の介護保険にならった制度を導入し、二〇〇八年七月から施行している。

韓国のみならずシンガポール、台湾でも、少子高齢化が進んでいる。各国とも一歩早く高齢化が進む日本の動向を注意深く観察し、制度や高齢者福祉サービス、高齢者向けの商品を自国で応用できないか検討している。

日本では、高齢化はしばしば暗い未来として語られることが多い。たしかに若い労働力、若い消費者を前提としている現在の社会では、高齢化によって働く人、旺盛な購買者がいなくなり、年金や医療費負担が増すという悲観的なトーンの未来図が描かれがちである。しかし高齢化は新しい需要を生み、ビジネス・チャンスを引き出す。

たとえば、高齢者向けの健康維持、老化予防への関心が高まり、ヨガ、太極拳、気功などの運動と、野菜中心の低カロリー・高食物繊維のおいしい食事、和漢薬やサプリメントを組み合わせた指導が、これからますます支持されるだろう。

これに健康診断・検査を加えたり、温泉療法や指圧、エステやメークアップ、ファッションという中高年の健康サービスを提供するビジネスは国内だけでなく、全アジアで伸びていく。

あるいは高齢者向けの新しい働き方として、週四日、三日、または週三〇時間程度の勤務なども、分野によっては導入可能であろう。

たとえば、中学、高校の教師や各種技術指導者、行政の企画・相談・窓口サービス、コンサルタントなどの分野、あるいは情報サービスの分野などで、こうした高齢短時間労働者が活躍できる余地は大きい。女性たちの新しい働き方を創出した人材派遣会社が、高齢者向けにも活躍してほしいものである。そのためにも、働くと給付金が減るという年金制度*は、改めなければならない。

日本の文化には、高齢者の活動に適したものも多い。囲碁、将棋、茶道、華道、謡曲、俳句、短歌、書道などは、近年活気を呈しているが、初心者の中高齢者に働きかければ、もっともっと裾野は広がり、国際的にも愛好者が増えるだろう。

このほか、コーラスや歌曲、器楽演奏のような音楽、ダンスなども高齢者から支持されているし、平日バス旅行、長期滞在型旅行など新しい形態の旅行も伸びるだろう。

もちろん福祉の分野では、安くて性能のよい電動車イスやベッド、歩行補助具のような新しい機器の開発が待たれている。インプラント、遠近両用コンタクトレンズなどはかなり普及しており、こうした高齢者の生活の質を高める技術開発は、日本の得意とするところである。

しかも、こうした高齢者向け商品、サービス、システムの需要は国内だけでなく、韓国、シンガポール、台湾を筆頭に、高齢化の進行するアジア諸国にも広がっていくだろう。

高齢化は新しいチャンスを提供する。

10 127,799千人（二〇一一年次、総務省統計局）

11 John Maynard Keynes, 1883–1946. 二〇世紀前半を代表するイギリスの経済学者。著書『雇用・利子および貨幣の一般理論』によって経済学に「ケインズ革命」をもたらし、先進工業国の政策に大きな影響を与えた。

六章　人生の新しいフェーズへ

農業・農村の生きる道

実りの秋を迎えると、食卓を彩る里の幸、山の幸など、自然の恵みに感謝するとともに、農業者の勤労に頭が下がる。

しかしその農業・農村を取り巻く環境は厳しく、農業就業者の平均年齢は六五・八歳、耕作放棄地は四〇万ヘクタールという数字を見ると、先行きを憂い暗澹とした気分になる。ＴＴＰ（環太平洋パートナーシップ）で日本農業は壊滅するとか、農業新規参入者が減っているという話もよく聞く。しかし次の数字を見て考えさせられた。

農林業センサス*（二〇一二年、農林水産省）によれば、日本の総農家数は二五二万八千戸で、そのうち農業を主業とする数は三六万戸にとどまっている。農家のうちでも副業的農家や自給的農家が多いからである。それに対して農水産省の職員は二万五千人、農水関係の地方公務員は三万七千人、農協系組織の職員が二五万五千人、農業委員会が三万八千人など、農業関係者は三八万人を超えている。日本の国公立大学をはじめ農業関連学部・学科は約六〇もあり、農業者より、農業関係者を養成している。

もう一つの数字は、日本人のカロリー摂取量である。戦後の一九四七年ごろ、日本人は食べるものも食べられず、みなお腹をすかせて、栄養失調で死ぬ人も少なくなかった。芋が主食で、白米が御馳走だったという話をよく聞く。当時の日本人の摂取カロリーは二千カロリーであった。

ところがである。飽食の時代、コメ余りの時代といわれる二〇一〇年の国民の平均摂取カロリーは一八四九カロリー。ピークの一九七一年が二二八七カロリーだったので、当時より、約二割も摂取カロリーが減って、戦後の食糧難時代より少なくなっている。

これはメタボキャンペーンのように、健康上で肥満が悪とされ、国民がこぞってダイエットに努めた成果である。なかでも一〇代、二〇代の女性の摂取カロリーたるや、最貧途上国並みで、現に痩せてひ弱な若い女性が「スタイルがよい」ともてはやされている。テレビでも新聞雑誌でも、どうすれば太らないかの特集が満載である。

だから日本の食料自給率三九％*（二〇一二年度、農林水産省）という数字は、素直に受けてはいけないのではないか、自給率の向上というのは、農業関係者の問題提起なのではないかという気がする。今の自給率も食べ残し、家畜の飼料を除いて考えれば様相はかなり変わってくる。食べ残しや流通廃棄物を除いて、摂取カロリーベースで計算すれば、五四％を超える。

コメだけでなく、生の野菜、果物はほとんど自給している。国民にこんなおいしい漬物があります、果物があります、ジャムがあります、安全です、安心ですとアピールしても、食べないようにと涙ぐましい努力を続けている国民には伝わらない。

日本の農業、農村を活性化しようと思うなら、食物の生産、加工、流通に取り組むより、むしろ農村の美しい風景、農業労働の喜び、農業の精神的癒し効果をアピールすべきではないか。誰とどこで食べるかを演出する、子どもたちに農業労働を体験させる、勤労者にグリーンツーリズムの魅力をアピールする、退職した健康な高齢者に農業に携わってもらう。教育・福祉・医療など、工夫をすれば農村は魅力がいっぱいである。農業関係者はそうした農村の魅力を引き出し、人の交流を進め、農家の多面的活動を支持すべきではなかろうか。

地方に住んで豊かに暮らす

東京から海外に転勤になった人は、赴任先が途上国ならもちろん、ワシントンＤＣやオタワなど先進国の主要都市であっても、職住近接の広い住宅に感動し生活水準が上がったと実感するだろう。そのため定年後、東京を離れマレーシアやフィリピンなどに移住する中高年者もいる。円高の時期は海外で暮らすほうが、豊かな暮らしができそうだが、円高はいつまで続くかわからないし、言葉の壁、習慣の違いもある。

それより、お勧めは国内の地方都市に住むことである。デフレは地方の不動産価格を押し下げ、東京の一〇分一以下の価格で家が手に入る。空き家もたくさんあるので、広くて賃貸料の安い物件も豊富だ。物価の安さも魅力だが、何よりも社会資本が整っているところがいい。保育所、学校、図書館、スポーツ施設、福祉施設など、人口当たりの整備状況は大都市よりずっと整っており、道路も整っている。治安状況もいい。

地方で暮らしたほうが生活水準は高くなるのは明らかだが、問題は働く場、収入を得る場が十分にないことである。

小説家、画家、音楽家、デザイナーなど個人で職能をもち、すでに名声や実績がある人なら、地方に住んでも収入を維持することができるが、常業活動が必要な人、チームを組んで働かなければならない人には難しい。毎日勤務するサラリーマンなら、新幹線で東京まで一時間程度の圏内に限られる。どうすれば地方で収入を得ることができるか。不動産価格や人件費が安いという条件を生かして新しいビジネスはできないかと考えていたら、最近三つの事例があった。

一つは宅配クリーニング。東京に住んでいる人が地方のクリーニング屋に宅配便で洗濯物を送り、返送してもらう。一〇点、二〇点とまとまれば安く仕上げてくれる。働いている女性にとっては、インターネットで指定した時間に取りに来て、配達してくれるので便利である。季節外の洋服の保管もしてくれる。

二つ目は外国のワインや食材を配送するビジネス。インターネットやカタログで注文を取り、宅配便で配達し、クレジットカードで決済する。

三つ目は古本屋である。これも宅配便で古本を送り、その代金を受け取る。地方の広い倉庫に保管された豊富な在庫を武器に、インターネットで注文を取って配送する。

いずれもインターネットと宅配便を活用することで可能になるビジネスである。きっとこのほかにも、いろいろなビジネスの可能性があるに違いない。

一方、勤労収入を必要としない年金受給者の場合は全く状況が違う。日本国内どこに住んでいようが、年金収入は保障されている。生活費、人件費の安い地方で生活したほうが豊かに暮らせる。自然にも恵まれ健康的である。東京に持ち家がある人ならば、それを賃貸して収入を得ればさらに余裕が生じるだろう。

しかし多くの年金受給者は、住み慣れた都会でそのまま暮らしたいと願う。地方は医療水準が低いのではないか、何かあったときが心配だ、子どもや孫のそばにいたいと思う人も多いだろう。東京のほうが刺激に富んで、魅力を感じる人もいる。しかし、これからの高齢化社会で年金財政がさらに厳しくなり、一方、地方が人口減に苦しむなかで、私たちはどこでどのように暮らすのか、高齢期の生活に何を求めているのかを、改めて考えてみてもよいのではなかろうか。

高齢期の新しい生き方

日本では年齢によって高齢者を定義する。六五歳以上の高齢者人口が二四％とか、六五歳までの雇用を確保するというように。

アメリカでは年齢差別は違法であり、定年も定められていないが、日本でも七五歳以上を後期高齢者と呼び、別の医療保険の対象にしようという試みには反発が多かった。

もちろん個人差は大きいが、年齢が高くなればなるほど一般には体力が落ち、ガンなどの疾病にかかりやすくなり、気力も衰える。収入も五〇歳ごろまでは少しずつ増加し、地位も上がるが、職業から引退すると収入も影響力も大幅にダウンする。女性は若い頃はスタイルもよく肌も美しくて魅力的だが、年齢を重ねるにつれどんどん容貌が衰え、人間としての価値も低下するととらえている人（男性）が多い。

そういったところから、人生を五〇代がピークで、それまでは上り坂、あとはだんだん衰えていく下り坂と見なしている人が多い。

しかし、私はこの考え方に反対である。若い時には若さの魅力があるが、年を重ねることで別の魅力も加わっていく。若くて体力があり、将来の可能性に富み、新しい状況に適応する力があるのは良いことだが、若くて経験が乏しく、人の気持ちもわからず、短期的に物事を考えがちであれば、それは短所となるが、年を重ねることでものの見方が多面的になり、いろいろな知恵がついてくれば、長所となる。

自分自身を顧みても、若い時は未熟で思い出しても恥ずかしい未完成な人間だったが、年を経て人間として少しは成長している。

私がインドの人生観——人生を学生期、家住期、林住期、遊行期に分ける考え方【註12】——を好きなのは、人生を上り下りでなく、別のステージとして考えるからである。若い時、中年期、高齢期、人生のそれぞれの時期で置かれた状況、期待される役割が異なり、そのなかでベストを尽くしていけばよいという考え方はとてもしっくりくる。子育てと仕事を両立するなかで余裕がない時期、社会のさまざまな役割を果たしていた時期、それなりに一生懸命に生きてきた。しかし、どれだけその状態が充実していても、状況は必ず変わる。時を止めることはできない。だから過去の役割や考え方に固執するのではなく、新たなステージの新しい役割に適応することが必要である。

たとえば家住期は子育て、教育に無我夢中で取り組まなければならないが、子どもが大学生になり就職しても、親が相変わらず子離れできないと、害あって利なしである。子どもが大人になったら、親も家族の外に広がる世界に目を向け、何か目標をもって、新しい人生を拓くことが大事である。

そして年を重ねることにより、知らないことを知り、わからなかったことがわかり、見えなかったことが見えるようになる。悲しみを感じなくなるのではなく、悲しみに耐えどう表せばよいかをわきまえるようになり、喜びも深く味わえるようになる。体力面では衰え、ほかの人に介護をしてもらう存在になっても、相手に感謝し、力づけることはできる。

年をとると「人生は下り坂」だと思わず、別の人生のステージで新しい役割を生きる、より人間として深く、広く大きくなるというように考えるべきではなかろうか。

高齢期のボランティア

かつて、ＪＩＣＡ（国際協力事業団）の総裁をしておられた藤田公郎《きみお》さん【註13】が、南の島サモア政府の顧問として単身渡航なさった。私は藤田さんが内閣外政室長の頃から存じあげているが、最高に格好いい高齢期の生き方を選ばれたと感動したものである。

どれだけ年をとってもポストに執着し、老害をまきちらしている財界人や政治家が多いなかで、すっぱりと日本での職を辞し、人口二〇万人にも満たない小さな島国で国づくりの助っ人となる。心身ともに健康で家族の理解と国際的な人脈があり、立派な識見をもっておられる藤田さんだから可能な生き方である。

いくら真似をしたくても普通の人にはできない、と思っていたら、こんな話を聞いた。現在、アジア諸国には日本の協力で建設された設備や施設が多数ある。そうした所に使われている機器は、最先端のコンピュータ制御によるものではなく、一世代旧式の、手作業を必要とするものだそうだ。そうした機器のメインテナンスを、日本の技術者に指導してもらえないかという声があるらしい。

これぞまさしく六〇代の日本の元エンジニアにぴったりの仕事ではなかろうか。長年培った技術と経験を活かせば、現地の人々に喜ばれるだけでなく、そうした古い時代の職人気質を身につけた日本人がもつ「空気」が、日本および日本人に対する理解を深めるに違いない。日本人は遊んでいるより、働いているほうが魅力的である。

各企業に散っている高齢技術者をネットワークし、派遣する仕事こそ、ＯＤＡ*（政府開発援助）の資金が生きるだろう。技術者だけではない。オーストラリアにはネイティヴから日本語を学びたいという中学生や高校生がたくさんいる。あるいは、野菜や果物の栽培法、ミシンの縫製などの日本人指導者も望まれている。

青年海外協力隊の活動が世界各地で親日家を生んでいると聞くが、青年でなくとも、せっかく身につけた技術や能力があれば、それを海外で発揮することを志してもいいのではないか。ある土地に住み、そこで仕事をするのは、観光で旅行するのとは全く異なる。私たちは自分のもっている才能や価値に気づかないまま過ごしてしまうことが多いが、別の世界へ行けば、日本語教師や技術者として評価される。

インドの人生観では、若い時は学生期、壮年期は家住期、向老期は林住期、最後を遊行期と分ける。家族を育て上げ、仕事に励み職場で一定の責任を果した後は社会やコミュニティに貢献する。その後、自分自身で自由に楽しむ。

どうも日本人の人生観では、仕事から引退すると林住期を飛ばしていきなり遊行期に移行し、観光旅行や趣味を楽しむということになりがちである。家住期と遊行期の間に、コミュニティサービスやボランティアといったかたちで、社会に貢献する時期をもちたいものである。

おひとりさま社会をどう生きるか

二〇一〇年一〇月の国勢調査*によると、一人暮らしの世帯数が三割を超え、夫婦と子どもで住む世帯より多くなったという。夫婦のみ、男親または女親と子だけの、二人世帯がそれに続いている。

この結果から社会の主流は核家族ではなく、核分裂した個人世帯すなわち素粒子家族であるという現実が見える。一人世帯のうち一番多いのは高齢者、とくに女性の一人暮らしである。子どもたちが独立した後、夫婦二人で暮らす。しかし平均寿命の差と結婚時に夫が年上という夫婦が多いので、死別した女性が七五歳以上の六三・二％を占めている。

まさに「おひとりさま」の老後は、すべての女性が「想定」しなければならない人生のステージとなっている。

そのためには一人で生活できる経済力、生活力、精神力、社会力を一人ひとりの女性が備えなければならないのだが、それは別の機会に詳しく触れるとして、問題は男性のひとり者、男性の未婚者の増大である。

予想通り男性の生涯未婚率はまた上がった。晩婚化、非婚化といわれるといつも女性がやり玉に挙げられることが多いが、実は深刻なのは男性のほうである。四〇代前半の男性の未婚率は二七・九%、それに離別・死別を加えると四〇代前半男性の約三人に一人は独身、配偶者なしである。四〇代後半になっても未婚率は二一・五%となかなか減らない。五〇歳になっても結婚しない男性、一生結婚しない男性は一七・二%となっているが今後はさらに増えるだろう。

男性の未婚率が上がっている理由は、個人によりさまざまに異なるのだが、一つは経済的理由である。失われた二〇年の最大の被害者は若者で、今の四〇歳前後より若い世代は、社員として安定した職を得るのが難しくなり、昔のように専業主婦を養える男性が少なくなっている。

もう一つは、地縁、社縁などの緩やかな結びつき、助け合う人間関係が希薄になっていることである。ひと昔前ならば、男性が三〇歳を過ぎても独身だと、親類や近所の世話やき、職場の上司も気にかけて、お見合いの相手を紹介してくれたものである。しかし最近ではそんな人たちも「好みがあるだろうから」、「自分の気に入った人でなければ」とさじを投げて近づいてこない。

三番目は、男性自身の育ち方、育てられ方の問題である。親が一番心配しているはずなのだが、母親のなかには掃除、洗濯、食事の用意、後片付けとすべて世話して、息子をますます結婚から遠ざけている人も珍しくない。四〇年以上も共に暮らして何でもわかってくれる母親がいれば、気心の知れない女性と暮らす気にはならないだろう。子どもの頃から女の子と付き合うより勉強しろと言われ、まじめな男の子ほど、女の子とのコミュニケーションが不得意である。家事能力も身につけていない。晩婚、非婚の原因は「女性が結婚したがらない」、「女性が強くなったから」と思われているが、その女性の変化に男性がついていっていないのが、このような大量の未婚男性を生み出しているのである。

男性も女性も未婚、晩婚、そして「おひとりさま」の高齢期を生きる力をつけると同時に、家事をする能力、人とつながる能力、結婚できる能力は、稼げる能力と同様大事なのだと頭を切り替えねばならないのではなかろうか。

小欲知足

人間の満足度＝達成度÷欲望といわれる。自分がほしいと望んだものを手に入れれば満足を感じ、自分がやり遂げようと志した目標を達すれば満足するという単純な方程式である。

しかし現実はそう単純ではなく、どれほど多くのことを成し遂げ、経済的に恵まれているように見える人でも、あまり自分の境遇に満足していなかったり、逆に貧しくても人生を楽しみ感謝している人もいる。満足感は客観的な基準でなく相対的基準ではかられる。

私は昔、仏教の「雪山黄金となるもその渇を癒すに足らず」という言葉に、深い感銘を受けたことがある。雪山おそらくヒマラヤの雪がみな黄金に変わったとしても、お金をほしいという欲望は満たされることがない。どれほど多くを手に入れようと満足することはない、という意味の教えである。仏教では「むさぼる」（「怒る」「おろか」を含めて「三毒」という）ことから多くの罪が生じると教え、そうした欲望から解放されるよう説いている。

私は約三五年前、アメリカの教育が金持ちになりたい、成功したいという人間の欲望を肯定し、欲望を達成すべくチャレンジすることを奨励するのを見て、一種のさわやかさを感じた。当時、多くの若い日本人が同じようにアメリカの輝きに圧倒された。

そして私たちは、日本では欲望を達成することより、欲望を抑えなさいと教えるから、若者のエネルギーが不完全燃焼して、大きなチャレンジができないのだと、日本の社会を批判していた。アメリカの社会にエネルギーがあふれているのは個人の欲望を基本的に肯定しているからで、競争は奨励すべきものとされていた。規制緩和、自由競争政策はこの考えに基づいている。

しかし今、年を重ね、厳しい社会の現実を見ていると、東洋の知恵のほうが人間を幸せにする、欲望を追いかけているだけでは決して幸せな人生を送れない、欲望そのものを自分でコントロールできないと幸せになれないと実感する。

所有欲、独占欲、名誉欲、権力欲と欲望には限りがない。そうした欲望は満たされれば満たされるほど多くを望む。まさに雪山黄金となるとも満足することはない。欲望から解放される、解脱するというのは、とても難しいことで、修行を重ねてもその境地に達する人は稀である。それでも、そうした欲望のままに行動するのではなく、時に反省をしたり、自分を客観的に見ようと努力することが、人間の品格を高める。

もっともっと金持ちになりたいと投資や運用に励むのではなく、自分のお金をもっと困っている人のために使う、社会的に意味のある仕事を応援するために使うことができる人になりたいものである。それによりお金が生きてくると同時に、本人も、より心穏やかに満ち足りた人生を送ることができるのではなかろうか。

ぜひ、小欲で心豊かに生きる人が多くなってほしいものである。

心のDNAを伝える

知人から、不妊治療を続けるかどうかという長い相談を受けた。彼女は四四歳、既に五年間不妊治療を続けているが、子どもを授からないという。その治療はお金がかかるだけでなく、精神的にも肉体的にも辛いらしい。それでもぜひ夫と自分の子どもをほしいと頑張っているが、もうあきらめたほうがよいかという相談である。

ジャーナリストの白河桃子《とうこ》さんは、卵子も老化するのでそれを考慮して出産のタイミングを逃すなと言っているが、三五歳を過ぎると妊娠も出産も難しくなるのは事実らしい。

私はそこまで「自分の子」に執着する必要はないと思っているが、何としても自分の遺伝子を残したいという気持ちは理解できる。子どもがいることで、喜びも苦しみも含めていろいろな経験ができるので、子どもに恵まれるのは大変幸せなことだと思っている。しかし、人間には望んでも得られないことがあるという厳然たる事実を受け入れることも必要で、別の目標に変えたり、新しい挑戦に切り替えたほうがよい時もある。

たとえば「自分の子」でなくとも、現在の日本では家族の愛に恵まれなかった子どもは山ほどいる。死別だけでなく離別が増えているが、自分で養育する経済力がない親、世話する力のない親もいる。実の親から虐待を受けている子、実の親が心を病んだり、体を病んだりしている場合もある。

その子たちを家族として愛し育てることで、子育てに関わることができる。

現在、家庭の愛に恵まれず児童養護施設に暮らしている子どもは全国で約三万人いる。

この子たちは集団で施設に暮らしており、できるだけ家庭的な関係をつくろうと職員が母親父親の役割をするようにしているが限界がある。養子縁組をする、里親になって一八歳まで育てる、あるいは週末だけでも家庭に招くなど、いろいろな形で家庭生活を味わわせてくれる協力者が求められている。

アメリカでは外国の子どもを養子にしたり、未婚の母の子どもを養子にしたり（アップル創業者のＳ・ジョブズもその一人）、養子縁組する夫婦も多いが、日本では稀だ。それは、養子は家の跡取りとして、血縁者を養子にしたなごりがあるからだろう。昔の日本では一〇組に一組は子どものいない夫婦で、親類から養子をとり、家を継がせるのが当たり前だった。養子のほうが実子より家を繁盛させた例も多い。しかし、子どもを育てる過程を楽しむ、子どもの福祉のために育てるという考えはまだ少ない。

日本人は血縁でない子どもを家族に入れることに慣れていないわけではない。たとえば、婿養子という制度は日本独特で、血統を重視する中国や韓国では見られない。

しかし子どもの頃から育てると、その育てた責任、どういう人間に育つかに責任をもたなければならない。何か犯罪でも引き起こすと、誰が育てたのだということになる。それが養子や里親になることを躊躇させる。

自分の血を引いていない子どもを育てることに気が進まなければ、自分の思いや考え方を若い人たちに伝えるなど、できることは山ほどある。メンターとして若い人を導く、頑張っている若い人を応援する、新しいビジネスに出資するなど、それによって自分の心が次の世代に伝わる。肉体のＤＮＡでなく、心のＤＮＡを伝えることも素晴らしい。

生きた証は子どもを残すことだけでなく、心と志のＤＮＡを残すことである。

12 インドのヒンドゥー教社会において人生を四つの住期（アーシュラマ）に区分する理念。

13 一九三二年東京生まれ。オランダ、インドネシア大使、国際協力事業団総裁、サモア国シニアボランティア（外相顧問）、国連改革担当大使（アジア太平洋地域）を歴任。

あとがき

二一世紀の日本は課題先進国といわれます。少子高齢化、エネルギー、環境、減災、財政赤字など、世界の先進国がこれから直面するであろう課題をすでに抱え込んでいるからです。そして、その多くの課題に女性は当事者として向き合っています。少子だけでなく、エネルギーも環境も、わたしたちの暮らしと結びついています。

ひとつひとつの課題は重く、すぐに解決策が見えるようなものではありません。私たちもどうすればよいか、先が見えず苦しんでいます。しかし、この苦しみのなかから解決の糸口を見つけることができれば、日本のあとに続く国々に大いに参考になるはずです。

このような時代に私たちは一日一日を生きています。過去の常識はもう通用しませんが、新しい基準もまだ生まれていません。今までのやり方はおかしいぞ、どうすればいいのだろう、どうすべきか、そういう考え方があるんだ……と、私自身も折にふれ、機会あるごとに考えてきました。

そのような内容を、長年連載させていただいている『楽しいわが家』の「ホームジャーナル」に綴ってきました。そのときそのときに、自分なりに考え抜いて書いてきたつもりです。この本がきっかけになって、読者の方々も、社会のために何ができるかを、一緒に考えていただければ嬉しく思います。

毎月の連載を通じて表現の場を与えてくださった、全国信用金庫協会と担当の名編集者の森井千恵子さん、そして連載を本にまとめてくださったブックエンドの北村正之さん、お二人との長い友情に支えられてこの本は生まれました。また、出版元のブックエンド代表、藤元由記子さんにも深く感謝します。

二〇一四年　四月　坂東眞理子

用語解説

凡例：本文中に＊印を付した語句、用語について簡単な解説を加えた。項目末に付した数字［P. xx］は本文中の初出頁を表す。引用文は、直後に（　）で出典を示した。太字は本欄に解説のある語句・用語。

ア行

育児休業制度　［P. 12］
育児・介護休業法に基づいて、子を養育する男女労働者が休業を取得できる制度。2009年の改正で、3歳までの子を養育する労働者に対する**短時間勤務制度**や、希望者への所定外労働の免除の義務化のほか、父母ともに育児休業を取得する場合の休業可能期間の延長（パパ・ママ育休プラス）、出産後8週間以内の父親の育児休業取得の促進など、父親の子育て支援が加わった。

イノベーションのジレンマ　［P. 85］
業界トップ企業は、優良商品をもつゆえに、顧客の意見に耳を傾けさらなる改良に邁進する結果、別のニーズや顧客層に目が届かず、イノベーションの立ち後れを招き、高品質・高性能でなくとも新たな特色を開拓した新興企業に追い抜かれるという説。ハーバード・ビジネス・スクールのクレイトン・クリステンセンが、著書『イノベーションのジレンマ：新技術が巨大企業をほろぼすとき』（邦訳版、

翔泳社、2001年）で提唱し、ベストセラーになった。

カ行

学童保育　[P. 22]
保護者が就労・病気などの理由により、家庭で保育できない場合に、保護者に代わって保育を行う。自治体では学童保育所条例などに基づき、独自のガイドラインで学童保育所を設置・運営している。

家族経営協定　[P. 137]
家族農業経営にたずさわる各世帯員が、意欲とやり甲斐をもって経営に参画できる魅力的な農業経営を目指し、経営方針や役割分担、家族みんなが働きやすい就業環境などについて、家族間の十分な話し合いに基づき、取り決めるもの（農林水産省）。

課題先進国　[P. 143]
他国をモデルにして解決できない問題に直面している国。日本では環境問題や少子化、高齢化、地域の過疎化、エネルギー問題などにおいて課題先進国である。問題を乗り越えることで、他国が同様の問題に直面した際に手本となり、世界でリーダーシップを発揮することが可能となる。

看護休暇　[P. 133]
2005年施行の改正・育児介護休業法によって義務づけられた制度で、小学校に入学前の子を養育する従業員が事業主に届けた場合、子の病気や負傷の看護のため、1年間に5日を限度として休暇を取得できるようになった。

気候変動枠組条約　[P. 69]
地球温暖化防止のための国際的な枠組みを定めた初の条約。大気中の温室効果ガスの濃度を安定化させることを究極の目標とし、1992年に国連で採択され、同年の地球サミットで155か国が署名した。1995年から毎年、気候変動枠組条約締約国会議（COP）が開催されており、1997年に京都で開催された第3回締約国会議（COP3）では、先進国の拘束力のある削減目標を明確に規定した「京都議定書」に合意した。2013年3月時点での締約国数は、194か国1地域とEU。

寄付金控除 [P. 53]
納税者が国や地方公共団体、特定公益増進法人などに対し、「特定寄附金」を支出した場合には、所得控除を受けることができる（国税庁）。公益財団法人日本ユニセフ協会や国際NGO「国境なき医師団」など主要な非営利団体では、「寄付は寄付金控除の対象となる」と明示している。

グローバル人材育成推進事業 [P. 65]
若い世代の「内向き志向」を克服し、国際的な産業競争力の向上や国と国の絆の強化の基盤として、グローバルな舞台に積極的に挑戦し活躍できる人材の育成を図るべく、大学教育のグローバル化を目的とした体制整備を推進する事業に対して、国が重点的に財政支援する（文部科学省）。

公益法人 [P. 53]
公益を目的とする事業を行う法人。宗教や慈善、学術、技芸などの公益（広く社会の役に立つこと）を行う法人として、明治29年に制度が開始。100年以上を経て社会変化とのズレが増大するなか、民間による非営利活動を活発にし、民による公益を増進するため、2008年に「新公益法人制度」が施行された。これにより一般社団法人・一般財団法人のうち、公益性の認定をうけた公益社団法人・公益財団法人の総称となる。

合計特殊出生率 [P. 128]
一人の女性（15歳～49歳）が生涯に産む子どもの数。出生率2（1夫婦から子ども2人）であれば世代人口がほぼ維持できるが、1970年代にこの水準を下回って以降低下傾向が加速し、2005年に最低の1.26を記録。2012年は2年ぶりに1.41に上昇するも、出生数は過去最少となった。

国勢調査(センサス) [P. 159]
日本では、統計法に基づき、日本の人口・世帯の実態を明らかにする目的で行われる国の最も重要な統計調査（全数調査）をいう。国籍に関係なく日本に居住する全ての人・世帯を対象として5年ごとに行われ、2010年に19回目の調査が実施された。調査から得られるさまざまな統計は、国や地方自治体の行政立案の基礎資料として、

また国民の共有財産として活用されている。

国民負担率　[P. 48]

国民所得に対する、国税と地方税とを合わせた「租税負担」と年金や医療保険などの「社会保障負担」を合わせた国民負担の比率。税・保険料は、医療・介護・年金などの福祉サービスとして国民に還元されるため、負担率が下がれば、その分窓口負担（医療）や利用料（介護）などが増える。日本は40%（2013年度見込み、財務省）で主要先進国では低く、ドイツ50.5%、スウェーデン58.9%、フランス60%（2010年、財務省）。

コンプライアンス　[P. 26]

本来は法令遵守の意味であるが、企業不祥事が続発するなか、社会規範や倫理を遵守するよう企業の行動指針や内部統制の構築が求められるようになった。こうしたコンプライアンス経営はCSRとともに、企業の姿勢として消費者や投資家の評価につながっている。

サ行

再生可能エネルギー

（自然エネルギー）　[P. 45]

太陽光、風力、波力・潮力、地熱、バイオマスなどを活用した発電、給油、冷暖房、輸送、燃料などのエネルギー需要形態。資源の枯渇や地球温暖化への対策が進むなか、化石燃料（石炭、石油、天然ガスなど）や原子力にかわるエネルギー源として、近年利用が増え、技術開発が活発化している。

社会的入院　[P. 57]

入院による治療の必要がなくなっても、家庭の事情や介護者がいないため、入院が長期化している状態。入院費が社会保障財政を圧迫するとともに、高齢者や精神障害者の社会復帰を阻害する一因にもなっている。厚生労働省は、精神障害者の退院促進と地域移行をすすめているが、これには地域の支援システムの整備が不可欠である。

社会保障改革　[P. 41]

現行の社会保障制度の基本的な枠組みが構築された1960年代以降、

少子高齢化や経済成長の停滞など、社会経済情勢が著しく変化するなかで、社会保障の充実・安定化と財政健全化を実現する「社会保障・税一体化改革」が進められ、消費増税の実施となった。

少子高齢化 ［P. 140］
出生率の低下や平均寿命の伸びにより、人口全体に占める子どもの割合が減り、65歳以上の高齢者の割合が高まることをいう。先進諸国共通の現象。日本の**合計特殊出生率**は1970年代に下降が始まり、総人口は2005年をピークに減少を続けている。少子化が進めば総生産が減り、一人当たりの国民所得（生活水準）の維持は困難になる。

食料自給率 ［P. 149］
国内の食料消費が、国内の農業生産でどの程度賄えているかを示す指標（農林水産省）。日本の自給率（カロリーベース）は39%で、先進国（カナダ223%、アメリカ130%、フランス121%、ドイツ93%、イギリス65%）で最低の水準にある。

女子差別撤廃条約 ［P. 35］
「女子に対するあらゆる形態の差別の撤廃に関する条約」の略称。男女の完全な平等を実現するため1979年に国連で採択された。具体的には、「女子に対する差別」を定義し、締約国に対し、政治的・公的活動、経済的・社会的活動における差別撤廃のための適当な措置を求めている。日本は1985年に締結、2013年6月時点で締約国数187（外務省）。

ジョブ・シェアリング ［P. 20］
フルタイム勤務者ひとりが担当する職務を、複数で分担する働き方。仕事と育児、介護、勉強などの両立を実現するワーク・シェアリングの一形態。より多くの雇用機会を創出する手法としても注目されている。

人材確保法 ［P. 105］
教員の給与を一般の公務員より優遇することを定め、教員に優れた人材を確保し、義務教育水準の維持向上を図ることを目的として、1974年に特別措置法が制定された。同様の観点では、福祉サービスの水準向上と労働環境の整備を

推進する「福祉人材確保法」（1992年制定）がある。

世界経済フォーラム（WEF）
[P. 12]
ジュネーブに本部を置く非営利の国際機関。1971年、ドイツ人経済学者クラウス・シュワーブが設立。毎年1月下旬にスイスのダボスで開催される年次総会（ダボス会議）は、各国の首相や大統領、企業や経済組織の代表者、非政府組織（NGO）の代表者、ジャーナリストが集い、世界の経済や社会問題について論議する場として知られる。

総合診療医　[P. 20]
厚生労働省の検討会で「総合的な診療能力を持つ医師」の呼称として採用され、2017年度より専門教育が開始される。急速に進む高齢化をうけ、幅広い知識と患者との対話を通じて、「予防」や「健康管理」に力点を置くほか、日常的な疾病を診断・治療し、必要に応じて専門医療機関に紹介する役割が期待される。

ソーシャル・ビジネス（社会的企業）
[P. 92]
社会的目的をもった企業やNPOなどの組織。社会の課題を解決するために、民間の経営手法を活かし、主に環境や福祉、教育の分野で有効な事業モデルが生まれている。代表的な事例として、営利企業形態ではグラミー銀行、パタゴニア、NPO形態ではフローレンス、両方を組み合わせたビッグイシューなどがある。

タ行

待機児童問題　[P. 21]
認可保育所を希望しながら入所できない児童を「待機児童」と呼ぶ。厚生労働省は2013年4月1日時点で、22,741人と発表したが（2013年9月12日）、この数字には入所を諦めたり、認定保育所などに通う児童が含まれず、潜在的には50万人に上るといわれる。

ダイバーシティ（多様性）　[P. 26]
社会や組織における多様性とは、個人の差異を尊重して受け入れ、差異に価値を見出して、それらを積極的に活かすことで社会や組織

に活力を生み出すことをめざす。企業においては、女性、高齢者、外国人、他分野経験者などの人材を活かす、人事システムのダイバーシティが変化への対応策として奨励される。

短時間勤務制度 ［P. 133］
改正・ 介護休業法の全面施行(2012年）によって、すべての事業主は3歳に満たない子を養育する従業員について、従業員が希望すれば利用できる「短時間勤務制度」(所定労働時間の短縮措置）を設けることが、「所定外労働の制限」「介護休暇」とともに義務づけられた。また、厚労省は企業の「短時間正社員制度」の導入・定着を支援するため、奨励金の新設やシンポジウムなど啓蒙活動を行っている。

地域通貨 ［P. 136］
法定通貨以外に、財やサービスの取引の精算手段として、コミュニティ活性化などの目的で地域や期間を限定して導入する動きがある。愛媛県波方町の地域通貨「ゆうゆうヘルプ波方」は、送迎、草取り、子守り、ペットの世話、買い物代行など、ちょっとしたサービス30分につき手作りの紙券と交換している。このように、サービスの担い手・受け手への効果（依頼しやすい、継続の励みになるなど）を通じて、地域活動への参加を促し、サービスのやり取りのネットワーク構築に役立っている。

ナ行

年金制度 ［P. 145］
高齢期の生活を支える年金を保証する仕組み。1961年に国民年金法の適用が開始され、日本の国民皆保険制度が確立した。1985年の年金制度改正により基礎年金制度が導入され、原則として、20歳以上60歳未満の日本に居住するすべての国民は、国民年金に義務として強制加入し、資格期間が25年以上ある人が65歳になった時に老齢基礎年金を受給できる。

農林業センサス ［P. 147］
日本の農林業の生産構造、就業構造を明らかにするとともに、農山村の実態を総合的に把握し、農林行政の企画・立案・推進のための基礎資料を作成し、提供すること

を目的に、5年ごとに行う調査（農林水産省）。

ハ行

ひきこもり [P. 98]
さまざまな要因の結果として、社会的参加（義務教育を含む就学、非常勤職を含む就労、家庭外での交遊）を回避し、原則的には6か月以上にわたって概ね家庭にとどまり続けている状態(厚生労働省)。厚労省は全国で26万世帯と推計し、2009年度より「ひきこもり対策推進事業」をスタートさせた。

ビジネスモデル [P. 76]
企業の収益を生み出す製品やサービス、事業活動、事業構想を示すモデル。顧客・価値・ノウハウを3要素とする設計思想。注目される背景には、インターネットの普及で革新的なビジネスモデルの可能性がひろがり、「ビジネスモデル特許」という知的財産として登録でき、保護されるようになったことがある。

フレックスタイム制 [P. 75]
労使協定に基づき、労働者が各自の始業時刻と終業時刻を原則として自由に決められる制度。この制度では、1か月以内の一定期間（清算期間）における総労働時間をあらかじめ定めておき、その枠内で自由に出社や退社の時刻を決定できるので、労働者は**仕事と生活の調和**（通院や育児のために出社時間を遅らせる、通勤ラッシュを避けるなど）を図りながら、効率的に働くことができる。

ヘイトスピーチ [P. 40]
憎悪に基づく差別的な言動。おもに人種、国籍、思想、職業、宗教、性別などの要素をターゲットに個人や集団をおとしめ、暴力や差別を扇動する言動をさす。近年日本では、インターネット上やデモで近隣諸国にたいするヘイトスピーチが急増し、社会問題となっている。

ポジティヴ・アクション [P. 131]
男女の役割分担意識や過去の慣例といった固定観念によって、性別による男女労働者の間に生じている状況（営業職に女性が少ない、管理職の大半を男性が占めているなど）を解消するため、個々の企

業が行う自主的・積極的な取り組みをいう。女性の労働意欲の向上、多様な人材によって新しい価値を創造し、企業の業績向上につなげる試み。

マ行

マンセッション(男性不況)　[P. 88]
男性（man）と不況（recession）を組み合わせた造語で、男性の失業が女性よりも深刻な状況を表す。公共事業の削減や製造拠点の海外移転が進み、男性就労率が高い建設業（86%）や製造業（71%）では雇用が縮小し、一方、女性就労率が高い医療・福祉分野（75%）では少子高齢化をうけて雇用が増加傾向にある。日本では1998年に男女の失業率が逆転した。未婚率の上昇や少子化の要因とされる。

ヤ行

ユニバーサル・デザイン(UD)
[P. 125]
「すべての人のための（Universal）デザイン」として、ノースカロライナ州立大学ユニバーサルデザイン・センター所長のロナルド・メイスが提唱。「誰でも公平に利用できる」「利用の柔軟性」「使用方法が簡単でわかりやすい」「必要な情報がすぐにわかる」「ミスをしても危険につながらない」「身体への負担が少ない」「使いやすい大きさ」の7原則を掲げる。安全に配慮された施設・製品、絵文字や音声による情報表示など、市場規模は拡大している。

ラ行

リーマンショック　[P. 69]
2008年9月にアメリカ第4位の投資銀行リーマン・ブラザーズが、高金利の住宅担保貸付（サブプライム・ローン）問題などで経営破綻すると、大手金融機関が連鎖的に経営危機に陥り、国際的な金融危機の引き金となった。

労働力率　[P. 12]
生産年齢人口（日本では15歳以上）に対する労働力人口の比率。労働力化率、労働力人口比率ともいう。

ワ行

ワーク・ライフ・バランス
（仕事と生活の調和）［P. 25］
仕事と生活（子育てや介護など）の両立で問題を抱える人が多く、社会の活力の低下や少子化・人口減少にまで影響がおよんでいる。それを解決する取り組みが「仕事と生活の調和」であり、「国民一人ひとりがやりがいや充実感を感じながら働き、仕事上の責任を果たすとともに、家庭や地域生活などにおいても、子育て期、中高年期といった人生の各段階に応じて多様な生き方が選択・実現できる社会」（内閣府）をめざす。

A to Z

CAN／
Community Action Network
［P. 91］
イギリスの社会起業家のネットワーク。1998年に3人の社会起業家によって創設された。行政に依存せず、民間の経営手法をいかしてコミュニティに根ざしたビジネスを展開。病院や保育所、学校などの事業を成功させている。企業のCSRコンサルティングとして研修プログラムやガイドラインの提供を行い、年次会議には世界中から1,000社を超える企業リーダーが参加する。

CSR**（企業の社会的責任）**／
Corporate Social Responsibility
［P. 26］
企業が自社の利益を優先するだけではなく、事業活動が社会に与える影響にも責任を果たすこと。近年は、労働ストレスの増大が懸念されるなか、「企業活動において、社会的公正や環境などへの配慮を組み込み、従業員、投資家、地域社会などの利害関係者に対して責任ある行動をとるとともに、説明責任を果たしていくこと」（厚生労働省）が求められている。

GEM**（ジェンダー・エンパワーメント指数）**／
Gender Empowerment Measure
［P. 34］
国連開発計画（UNDP）が、女性が積極的に経済活動や政治活動に参加し、意思決定に参画しているかを可視化する指数で、男女の国会議員比率、男女の専門職・技術

職比率と管理職比率、男女の推定勤労所得の3要素を用いて算出される。日本は、109か国中57位(「人間開発報告書2009」)。

GNH(国民総幸福量)／
Gross National Happiness
[P. 127]
国民総所得（GNP）に対し、国民の精神的な豊かさをはかる尺度として、1970年にブータンの先代のジグミ・シンゲ国王が提唱した概念。経済成長重視を見直し、伝統的な社会や文化、環境への配慮に目を向けるよう促し、世界中で注目された。

M&A／
Mergers and Acquisitions
[P. 65]
企業の合併や買収の総称。新規事業の市場への参加、事業統合、企業救済などを目的に行う。合併・会社分割・株式譲受などさまざまな手法がある。その背景には、国内競争だけでなく、新興国の台頭による国際競争の激化があり、グローバルなM&Aを加速させている。

M字型カーブ　[P. 12]
女性の**労働力率**が、結婚・出産期に当たる年代にいったん低下し、育児が落ち着いた時期に再び上昇する、いわゆるM字カーブを描くこと（内閣府男女共同参画局）。

NPO、NPO法人／
Non Profit Organization
[P. 51]
さまざまな社会貢献活動を行い、団体の構成員に対し収益を分配することを目的としない団体の総称(内閣府)。特定非営利活動促進法に基づき法人格を「特定非営利活動法人」(通称NPO法人）という。法人格の有無にかかわらず、福祉、教育・文化、まちづくり、環境、国際協力などの分野で、社会の多様化したニーズに応える重要な役割を果たすことが期待されている。

ODA(政府開発援助)／
Official Development Assistance
[P. 158]
政府または政府の実施機関によって開発途上国または国際機関に供与されるもので、開発途上国の経済・社会の発展や福祉の向上に役立つために行う資金・技術提供に

よる協力のこと（外務省）。1954年に日本は開発途上国援助のための国際機関のひとつコロンボ・プランへの加盟を決定し、以来約60年にわたり開発途上国への経済協力に取り組んできた。現在、協力先は150以上の国や地域にひろがり、NGO（非政府団体）との連携による援助を含め、さまざまな形態で実施されている。

SNS／Social Networking Service
[P. 46]
人と人とのつながりを促進・サポートする機能をもち、ユーザー間のコミュニケーションがサービスの価値の源泉となっている会員専門のウェブサービス（総務省）。「Facebook」「LinkedIn」をはじめ、日本最初のSNSといわれる「GREE」や社会現象にもなった「mixi」が有名。広義には「社会的ネットワークをネット上で構築するサービス全般」を指す。

坂東眞理子　ばんどう・まりこ

昭和女子大学学長。1946年富山県生まれ。東京大学卒業。69年、総理府入省。内閣広報室参事官、男女共同参画室長、埼玉県副知事などを経て、98年に女性初の総領事（オーストラリア・ブリスベン）に就任。2001年、内閣府初代男女共同参画局長。04年に昭和女子大学教授となり、07年より現職。320万部を超えるベストセラーとなった『女性の品格』をはじめ、『錆びない生き方』（講談社）、『坂東式ハッピーライフ両立力』（幻冬舎）、『60歳からしておきたいこと』（世界文化社）など著書多数。

ソーシャル・ウーマン

社会に貢献できるひとになる

2014年4月12日　初版第一刷発行

著者　坂東眞理子
発行者　藤元由記子
発行所　株式会社ブックエンド
〒101-0021
東京都千代田区外神田6-11-14 アーツ千代田3331
Tel. 03-6806-0458 Fax. 03-6806-0459
http://www.bookend.co.jp

ブックデザイン　大悟法淳一、大山真葵（ごぼうデザイン事務所）
印刷・製本　シナノパブリッシングプレス

ISBN978-4-907083-13-7